reinhardt

Hanni Holthaus • Angelika Pollmächer

Wie geht es weiter?

Jugendliche mit einer Behinderung werden erwachsen

Mit einem Geleitwort von Werner Schlummer

Ernst Reinhardt Verlag München Basel

Hanni Holthaus, Dozentin in der Erwachsenenbildung in München, ihr ältester Sohn wurde mit dem Down-Syndrom geboren.

Angelika Pollmächer, freie Journalistin in München, ihre älteste Tochter kam mit dem Down-Syndrom zur Welt.

Cover unter Verwendung eines Fotos von Matthias Spalinger, Rubingen (CH), Porträt von Corinne Mosimann

Bibliografische Information der Deutschen Nationalbibliothek

Die Deutsche Nationalbibliothek verzeichnet diese Publikation in der Deutschen Nationalbibliografie; detaillierte bibliografische Daten sind im Internet über <http://dnb.d-nb.de> abrufbar.
ISBN 978-3-497-01933-5

Printed in Germany
Reihenkonzeption Umschlag: Oliver Linke, Augsburg
Satz: ew print & medien service gmbh, Würzburg
Druck und Bindung: Friedrich Pustet, Regensburg

Ernst Reinhardt Verlag, Kemnatenstr. 46, D-80639 München
Net: www.reinhardt-verlag.de E-Mail: info@reinhardt-verlag.de

Inhalt

Geleitwort von Werner Schlummer 7

Anker lichten – Leinen los! 9

Erwachsen werden 11
Das Ende der Kindheit 11
Volljährig werden 14
Unterstützen durch Betreuung 15
Das „Behindertentestament“ 20
Rechte und Pflichten 22

Ausbildung und Beruf 27
Wenn die Schulzeit endet 27
Wie bereitet die Schule auf die Arbeitswelt vor? 29
Anlaufstelle Arbeitsagentur 34
Ausbildung – Investition in die Zukunft 38
Vorbereitung zur Ausbildung:
Berufsvorbereitende Bildungsmaßnahme (BvB) 38
Ausbildung in einer Reha-Einrichtung 41
Ausbildung in einem Berufsbildungswerk 43
Ausbildung in einem Integrationsbetrieb 44
Ausbildung auf dem freien Arbeitsmarkt 46
Wo gibt es Arbeitsplätze? 48
Arbeiten in der Werkstatt für behinderte Menschen (WfbM) 49
Arbeiten in Tagesförderstätten, Förderstätten, Fördergruppen 54
Arbeiten im Integrationsbetrieb 56
Arbeiten in der freien Wirtschaft 57
Aus- und Weiterbildung 60
Lust und Frust am Arbeitsplatz 60
Bewerbungen schreiben 62
Finanzielle Fragen 63
Wer finanziert was? 64
Wie sind Auszubildende und Berufstätige mit einer
Behinderung versichert? 67
Wer verdient wieviel? 68

Freizeit und Ferien 70
Ideen für den Feierabend 70
Urlaub und Reisen 74

Wohnformen und Lebensräume 78
Loslassen mit Handicap 78
Der richtige Zeitpunkt 80
In der Familie bleiben 86
Ausziehen – wohin? 89
Traditionelle Wohnmodelle 90
Anthroposophische Lebensgemeinschaften 92
Bunte Wohnlandschaft 93
Der Weg zu mehr Selbstbestimmung 97
Ablösen üben 97
Aufnahme in eine Wohnstätte 100
Selbstständig wohnen 103
Ein neuer Lebensabschnitt 104
Angehörige und Profis: Vom Umgang miteinander 111
Feststellung des individuellen Hilfebedarfs 118
Finanzielle Fragen 119
Leistungen, wenn man zu Hause wohnt 119
Leistungen, wenn man ausgezogen ist 121
Finanzierung der Kurzzeitunterbringung 123
Das Persönliche Budget 124

Sexualität und Partnerschaft 128
Pubertät: Baustelle in Kopf und Körper 128
Thema Verhütung 135
Sexueller Missbrauch 138
Peinliche Situationen meistern 139
Liebe und Partnerschaft 141
Kinderwunsch 144

Anhang 148
Adressen und Ansprechpartner 148
Deutschland 148
Österreich und Schweiz 151
Buchempfehlungen 152
Sachregister 155

Geleitwort

Beziehungen zwischen Eltern und ihren Kindern werden getragen durch die Gemeinsamkeiten und das Verbindende. Sie sind aber auch immer wieder durch Spannungen belastet. Das hat im ganz normalen Alltag und in alltäglichen Erziehungssituationen vor allem etwas zu tun mit unterschiedlichen Sichtweisen und Vorstellungen. Klärungs- und Verständigungsprozesse führen allerdings in der Regel dazu, dass Meinungsverschiedenheiten überwunden werden.

Der Alltag von Eltern mit behinderten Kindern ist darüber hinaus oftmals geprägt durch wichtige Verständigungsprozesse mit professionellen Mitarbeitern in Einrichtungen. Diese übernehmen in verschiedenen Lebensphasen betreuende, begleitende, beratende und unterstützende Aufgaben. Auch hier können durchaus konfliktreiche Situationen zur Tagesordnung gehören. Zum Beispiel besonders dann, wenn sich die Mitarbeiter in ihrer Professionalität nicht ernst genommen fühlen oder wenn die Eltern energisch darauf hinweisen, was für das Kind gut ist.

Derartige problematische Situationen können wie selbstverständlich zunehmen, wenn die heranwachsenden oder erwachsenen „Kinder" mehr und mehr ihre Selbstständigkeit aktiv gestalten und Selbstbestimmung einfordern. Die in der Fachsprache als Trialog bezeichnete Zusammenarbeit von Menschen mit Behinderung, ihren Eltern oder Angehörigen und Mitarbeitern in Einrichtungen wird dann schwierig, wenn ein offener Austausch der Beteiligten in Alltags- oder Entscheidungsprozessen nicht gelingt.

Der vorschulische und schulische Lebensabschnitt von Kindern und Jugendlichen mit Behinderung ist durch vielfältige Angebote und entsprechende Rahmenbedingungen, vor allem aber durch die Einbettung in die Familie besonders geprägt. Eltern, die Familie an sich und Angehörige haben erfahren, was es bedeutet, wenn auf Grund der Behinderung eines Kindes „auf einmal alles anders ist". Diese Erfahrungen haben durch den Austausch mit anderen Betroffenen zu mehr Sicherheit im Handeln und Entscheiden geführt.

Durch die Pubertät und durch das Erwachsenwerden des Kindes kommen neue Herausforderungen auf die Eltern zu. Wieder gilt es, den Blick nach vorn zu wenden in eine Zukunft, die erneut viele Fragen stellt: Wie geht es weiter? Welche Arbeitsmöglichkeiten wird das Kind mit Behinderung haben? Wie wird es wohnen und leben können? Wie gelingt der Schritt in die Selbstständigkeit? Wie kann sich das „Kind“ von den Eltern abnabeln? Wie können Eltern loslassen?

Der vorliegende Ratgeber beschreibt die Vielfalt der Herausforderungen. Er stellt wichtige Fragen. Und er gibt Antworten auf derartige Fragen. Er richtet sich vor allem an Eltern – und er ist von erfahrenen Eltern geschrieben. Vor dem Hintergrund einer gemeinsam gestalteten Kindheit geht es darum, sich für die Zukunft des erwachsen werdenden Kindes oder des Erwachsenen zu engagieren. Dies geschieht im vertrauensvollen, vor allem zugewandten Austausch gemeinsam mit dem „Kind“. Gilt es doch, das Selbstvertrauen des Menschen mit Behinderung auf der Grundlage seiner Möglichkeiten und Fähigkeiten zu stärken.

Dies sind auch Anliegen der professionellen Mitarbeiter, die etwa in Förderschulen oder Sonderschulen als Lehrer in Werkstufen, Berufspraxisstufen, Berufsbildungsstufen oder Abschlussstufen sich intensiv mit der Zukunft des heranwachsenden behinderten Schülers befassen. Oder es ist das Fachpersonal in Werkstätten für behinderte Menschen (WfbM), das in Begleitenden Diensten oder Sozialdiensten, im Berufsbildungsbereich, als Gruppenleiter im Arbeitsbereich oder als Mitarbeiter in speziellen Fördergruppen gleichsam Arbeitsalltag und berufliche Zukunft der Menschen mit Behinderung fördernd und beratend mitgestalten. Und es sind nicht zuletzt die Mitarbeiter in Wohneinrichtungen für Menschen mit Behinderung, die als Begleiter in den vielfältigsten Wohn- und Lebensbezügen – einschließlich der Vermittlung von Bildungsangeboten und Möglichkeiten zur Freizeitgestaltung – den Bewohnern individuell zur Seite stehen.

Eltern sind manchmal unsicher, was alles an Möglichkeiten und Schwierigkeiten im nachschulischen Leben auf das behinderte „Kind“ zukommen kann. Dieser Ratgeber hilft dabei, sich sicherer zu fühlen und zu erkennen, worauf es ankommen kann. Das wiederum hilft dabei, Beteiligten an der Zukunftsplanung wichtige Informationen geben und klärende Fragen stellen zu können. Im Austausch mit dem eigenen „Kind“ und mit professionellen Mitarbeitern in relevanten Institutionen gelingt so ein Trialog, der letztlich die Selbstbestimmungsfähigkeiten und institutionellen Mitbestimmungsmöglichkeiten des erwachsenen „Kindes“ und somit die eigene Zukunftsgestaltung des Menschen mit Behinderung stärkt.

Dr. Werner Schlummer Köln, im Juli 2007

Anker lichten – Leinen los!

Das Boot liegt sicher im Hafen,
aber mit der Zeit
verliert es an Seetüchtigkeit.

Sehr eindrücklich ist in dem obigen Bild veranschaulicht, was in der Entwicklung eines Menschen geschieht. Es beginnt mit dem Bau des Bootes, und da sind es sicher die Angehörigen, die die wesentliche Arbeit leisten. Sie versuchen, das Boot möglichst wetterfest und seetüchtig zu machen. Manche Eltern trauen sich diese Aufgabe nicht zu oder sind überfordert, weil sie persönliche, berufliche oder sonstige Probleme haben. Krankheiten verzögern die Fertigstellung. Entsprechend unsicherer wird das Boot, und die Kinder haben, wenn sie herangewachsen sind, alle Mühe, es auf Kurs zu halten. Wichtig ist, dass ein Boot von allen Beteiligten zusammen gebaut wird – je nach Maßgabe der jeweiligen Kräfte. Aber Mit- und Selbstbestimmung fängt nicht schlagartig mit 18 Jahren an, schon sehr früh kann ein Kind entscheiden, ob es lieber Wurst oder Käse oder gar Honig auf seinem Brot haben möchte. Auch Menschen mit schwersten Behinderungen können ohne Worte ausdrücken, was ihnen gut tut. Vertraut werden mit dem Schiff, selbst die Farbe des Anstrichs bestimmen zu dürfen, erste gemeinsame Ausflüge auf einem kleinen See stärken das Selbstbewusstsein und sind eine unerlässliche Vorbereitung auf das Leben in möglichst eigener Regie.

Lange liegt das Boot im Hafen, denn es braucht zunächst einen sicheren Platz, wo es geschützt ist vor Stürmen und Katastrophen, aber irgendwann braucht es auch das Abenteuer, aufs Meer hinauszufahren. Wenn dabei Schäden entstehen, müssen sie repariert werden. Jeder gute Seemann wird sein Boot vorbereiten, bevor er hinausfährt. Er wird es pflegen, regelmäßig überprüfen, seine Zuverlässigkeit und Belastbarkeit ausloten. Sollte es einmal von hoher See überfordert sein, heißt es alle Kräfte aufzubieten, damit es nicht dauerhaft gefährdet wird. Trotzdem muss das Boot die Chance haben, sich in Wind und Wetter zu erproben. Bootsführer und Boot lernen gemeinsam, wie sie Schwierigkeiten meistern können. Ein neuer Bootsführer, ein weiterer Mann in der Besatzung bringt vielleicht ganz neue Stärken des Schiffes zum Vorschein, die Herausforderung stärkt Schiffer und Boot. Auch in einem fremden Hafen kann man vor Anker gehen.

Eltern neigen dazu, für das Kind zu entscheiden, wann etwas nötig und möglich ist und was besser ist: die Sicherheit im Hafen oder das Abenteuer auf See. Schutz und Fürsorge scheinen ihnen oft wichtiger als das Loslassen und das damit verbundene Risiko. Aber jeder Mensch sollte die Chance erhalten, sich außerhalb der Familie zu bewähren, auch wenn dabei manchmal die Wogen hoch gehen und der Sturm alle Beteiligten beutelt. Sicher brauchen Menschen mit Behinderung mehr oder weniger Hilfe, manchmal sogar einen Lotsen, aber auch sie müssen letzten Endes ihr Boot möglichst weitgehend selber steuern lernen. Und sie sind stolz über jeden Schritt, der sie diesem Ziel näher bringt.

Das gilt besonders für den Aufbruch in die Arbeitswelt und den Auszug aus dem sicheren Hafen des Elternhauses. Ein junger Mensch hat einfach noch mehr Energie und Kraft, der Boden seines Bootes ist noch nicht angefault, er kann sich besser hinauswagen als jemand, der die Sicherheit über alles zu stellen gelernt hat. Die Ablösung vom Elternhaus durch den Umzug in ein eigenes Heim ist eine Herausforderung für alle Beteiligten. Angehörige lernen, ihr eigenes Verhalten, ihre Wünsche und Vorstellungen neu zu überdenken, der junge Erwachsene findet seinen eigenen Weg, der vielleicht anders ist, als ihn sich die Eltern vorgestellt haben.

Erwachsen werden

Anna K.: „‚Lebenslänglich' – das ging mir immer wieder durch den Kopf, nachdem ich aus dem berühmten schwarzen Loch nach der Geburt meiner behinderten Tochter wieder aufgetaucht war. Und lebenslänglich ist es auch geworden, nur auf eine ganz andere Art, als ich es mir zunächst gedacht hatte."

Das Ende der Kindheit

Wohl keine Beziehung ist so auf lebenslängliche Dauer angelegt wie die zwischen Eltern und Kindern, zwischen den Mitgliedern einer Familie. Hat man erst einmal Kinder, dann wird jeder weitere Schritt von dieser Tatsache bestimmt – im negativen wie im positiven Sinn. In dieser Hinsicht macht es keinen Unterschied, ob ein Kind mit einer Behinderung zur Welt kommt oder mit einer besonderen Begabung, die Verbindung bleibt ein Leben lang bestehen.

Am Anfang jedes Lebensweges stehen eine Menge Unwägbarkeiten: Wie wird sich das Kind entwickeln? Was wird aus ihm werden? Welche Stärken und Schwächen wird es haben? Fragen, die meistens getragen werden von Hoffnung und Optimismus, wenn der Start ins Leben gut verläuft. Anders ist es, wenn ein Kind mit Schwierigkeiten geboren wird. Da werden aus normalen Überlegungen schnell bange Fragen, aus dem Vertrauen in die Zukunft Ängste und Zweifel. Diese Verunsicherung trifft sicher jeden Elternteil unterschiedlich, aber als Hintergrund für alle Überlegungen und Entscheidungen bleibt sie das ganze Leben hindurch bestehen.

In den meisten Familien beruhigt sich die anfängliche Verwirrung nach einiger Zeit. Die Weichen für die ersten zwanzig Lebensjahre werden gestellt. Kindergarten- und Schulzeit sind weitestgehend geregelt, selten muss hier eine Entscheidung revidiert oder ein neuer Plan entworfen werden. Das Leben wird sozusagen ein Stück weit wieder ganz „normal". Schwierigkeiten bleiben eingebettet in die Zuverlässigkeit des Alltags in Kindergarten und Schule.

Natürlich tut sich trotzdem in diesen Jahren allerhand. Die Entwicklung vom Kind zum jungen Erwachsenen geht nicht ohne Turbulenzen vor sich. Trotzphasen, Pubertät, die Auseinandersetzung mit der Sexualität, die langsame Abnabelung von den Eltern betreffen ja nicht nur Jugendliche ohne Behinderung. Da ist es hilfreich, wenn man mit anderen Eltern in Kontakt ist, die vor ähnlichen Problemen stehen. Auch bei Kindern mit sehr schwerer Behinderung sind diese Phasen wahrzunehmen. Sie können sich zwar oft nicht verbal artikulieren, aber die körperlichen Veränderungen machen auch ihnen zu schaffen. Müdigkeit, schlechte Laune, Widerstand und Protest beim Wickeln können Signale dafür sein. Da ist es vielleicht ganz gut, dass in diesen Jahren normalerweise die äußeren Bedingungen stabil sind, dass die Schule einen vertrauten Rahmen bietet, in dem die seelischen und körperlichen Veränderungen aufgefangen werden.

> ***Johannes U., Lehrer an einer Förderschule:*** *„Schon in der ersten Klasse mache ich die Eltern darauf aufmerksam, dass die Schule irgendwann zu Ende geht. Da lachen immer alle Eltern. Bis zur neunten Klasse passiert dann meistens gar nichts. Beim ersten Elternabend in der Abschlussklasse sind viele verzweifelt, weil sie erst jetzt wieder dran denken, dass die Schule ja auch mal endet. Schon verständlich, dass man die Entscheidung, wie es nach der Schulzeit weitergehen soll, so lange wie möglich rauszögert, aber wirklich schlau finde ich das nicht."*

Und dann rückt es immer näher! Bedrohlich und unaufhaltsam: Das Ende der Schulzeit. Vielfältig ist der Umgang der Angehörigen mit dieser Tatsache. Manche Väter und Mütter fangen schon lange vorher an, sich Sorgen zu machen, andere verdrängen erstaunlich hartnäckig, dass auch für ihr Kind eines Tages die Schule endet.

Es wird schmerzlich deutlich, dass es – im Gegensatz zur Schulpflicht – ein Recht auf Ausbildung, Arbeit oder Wohnen eben nicht gibt. Das heißt: Ein Schulplatz muss für jedes Kind zur Verfügung gestellt werden, ein Arbeits- oder Wohnplatz nicht. Deshalb müssen Eltern wieder die Initiative ergreifen und sich darum kümmern, was aus ihren Jugendlichen wird. Mit diesem Anspruch können nicht alle gleich gut umgehen. Schon für sich selbst fällt es oft schwer, die richtigen Entscheidungen zu treffen. Jetzt kommt es darauf an, dem jungen Menschen aktiv zu helfen, überhaupt einen Weg zu finden. Das heißt zunächst einmal, einen Ausbildungsplatz, möglichst in einem Beruf, der auch Spaß macht. Das sagt sich so leicht, doch eine derartige Suche beginnt meistens damit, dass normale Ausbildungsberufe für Menschen mit einer Behinderung gar nicht in Frage kommen. Nur selten kann in einem Ausbildungsbetrieb Rücksicht auf Besonderheiten eines Auszubildenden genommen werden. Ist er langsamer oder ungeschickter, dann sind das Hürden, die fast kein Betrieb bereit ist zu überwinden. Auf diese Weise steht schon mal eine Reihe von Berufen gar nicht zur Debatte.

Dies zu akzeptieren ist nicht leicht. Denn es tut einfach weh, wenn man der freudestrahlenden Tochter erklären muss, dass sie sicherlich niemals Flugbegleiterin oder Tierärztin werden kann!

> ***Murat S.:*** *„Wir haben immer gedacht unser Cem kann mal in unserem Gemüseladen mitarbeiten. Allerdings hat sich rausgestellt, dass er doch den ganzen Tag irgendwie angeleitet werden muss. Das geht in unserem kleinen Laden nicht. Bisher haben wir aber noch keine Arbeit für ihn gefunden, die ihm Spaß macht."*

Ausbildungsmöglichkeiten und Arbeitsplätze, die den speziellen Bedürfnissen von Menschen mit Behinderung angepasst sind, gibt es zwar, aber sie sind rar und sehr begehrt. Das gilt im Übrigen ganz besonders für Menschen mit schweren Behinderungen. Für sie sind so genannte Förderstätten eingerichtet worden, die allerdings eine sehr begrenzte Anzahl an Plätzen zu Verfügung stellen können und andere Möglichkeiten, eine Tätigkeit auszuüben, haben schwerbehinderte junge Leute nur in Ausnahmefällen.

Ganz eng mit der Entscheidung für Ausbildung und Arbeit ist die Frage nach dem Wohnplatz verknüpft: Wo wird mein Sohn, meine Tochter später einmal leben? In welchem Umfang wird er oder sie für sich selbst sorgen können? Wie lange kann oder muss ich mich als Mutter oder Vater kümmern?

Fragen, die schwer zu beantworten sind. Außerdem haben die meisten Jugendlichen und natürlich auch ihre Angehörigen Wunschvorstellungen und Träume, die man sehr gerne berücksichtigen würde. Aber, reden wir Klartext: Platz für Träume ist hier üblicherweise nicht!

Sie sehen, das Ende der Schulzeit läutet eine wichtige Wende ein und am Anfang steht deshalb der Rat: Informieren Sie sich umfassend und möglichst schon, bevor die Schule endet!

Volljährig werden

Fragt man Jugendliche zwischen 12 und 17 Jahren, worauf sie sich am meisten freuen, wenn sie 18 werden, dann kommen meistens die gleichen Antworten: „Führerschein machen", „Entschuldigungen für die Schule selbst schreiben", „abends ausgehen dürfen, solange man will", „in jeden Film reinkommen" und Ähnliches mehr. Für Eltern mischen sich in die Vorfreude auf das magische Datum der Volljährigkeit allerdings häufig einige Tropfen Wehmut und Sorge. Der Abschied vom Kind rückt näher und die neuen Freiheiten bergen schließlich jede Menge Gefahren.

Auf ganz spezielle Weise gilt das auch für Eltern behinderter Jugendlicher. Der Moment ist gekommen, an dem man noch einmal sehr bewusst die Einschränkungen des Menschen mit einer Behinderung vor Augen geführt bekommt. Vor allem wenn es sich um eine geistige Behinderung oder deutliche Lernbehinderung handelt, werden verschiedene Behördengänge nötig, denn nun ist der oder die 18jährige geschäftsfähig.

Geschäftsfähigkeit

Während Minderjährige nur beschränkt geschäftsfähig sind, ist der Jugendliche mit 18 voll geschäftsfähig. Das heißt, die bis dahin bestehende gesetzliche Vertretungsvollmacht der Eltern für ihr Kind erlischt. Bankkonten dürfen eröffnet werden, Barkäufe, auch mit größeren Summen, können getätigt werden, bei Abonnements oder Verträgen wie z. B. Mobilfunkverträgen darf ab sofort eigenständig unterschrieben werden. Auch bei Menschen mit Behinderungen ist das grundsätzlich so.

Willensschwäche, leichte Beeinflussbarkeit oder das Unvermögen, die ganze Tragweite der abgegebenen Erklärung zu verstehen, genügen dann nicht mehr, einmal geschlossene Verträge rückgängig zu machen.

Da die meisten Mütter und Väter sicherlich stolz darauf sind, wenn ihr Sprössling eine gewisse Selbstständigkeit erreicht hat, fällt es nicht leicht, die gewonnenen Freiheiten wieder einzuschränken. Dennoch ist es im Einzelfall sinnvoll, eine rechtliche Betreuung anzuregen. Dann können skrupellose Geschäftemacher oder auch einfach nur gedankenlose Verkäufer die Unsicherheit des Menschen mit Behinderung nicht ausnützen und hohe Kosten lassen sich vermeiden.

> **Erich K.:** *„Ich dachte, ich sehe nicht richtig, schon eine Woche nach seinem 18. Geburtstag kam mein Sohn freudestrahlend nach Hause mit einem neuen Handy. ‚Hat nur ein Euro gekostet' – erzählte er. Nach langem Hin und Her kam allerdings raus, dass er für zwei Jahre einen Vertrag unterschrieben hatte. Aber wir hatten doch einen Vertrag für ihn abgeschlossen und der lief noch mehr als ein Jahr. Ich habe sofort versucht, telefonisch dem Händler klar zu machen, was da passiert ist. Doch der hat nur darauf bestanden, dass mein Sohn ja einen Ausweis hat und seine Unterschrift gültig ist."*
>
> *(In einem ähnlichen Fall wurde vom Amtsgericht Calw unter dem Aktenzeichen 7 C 726/00 am 19.12.2000 die Klage eines Netzbetreibers – mit Hinweis auf den § 105 Abs. 1 BGB – wegen Geschäftsunfähigkeit des Beklagten abgewiesen.)*

Falls doch einmal etwas schief geht und zum Beispiel ein Vertrag abgeschlossen wurde, dann gibt es – zumindest falls keine rechtliche Betreuung vorliegt – bei Dauerverträgen mit langen Laufzeiten und nicht ganz unbedeutenden Zahlungsverpflichtungen eventuell die Möglichkeit darzulegen, dass der Jugendliche mit Behinderung außerstande war, in freier Willensbestimmung einen solchen Vertrag abzuschließen. Konkret heißt das: Vielleicht haben Sie ein ärztliches oder psychologisches Gutachten, in dem die Einschränkungen des Jugendlichen vermerkt sind. Legen Sie dieses dem Händler vor. Auch die Bestätigung des Hausarztes kann als Beweis ausreichen. Seriöse Geschäftsleute werden unter diesen Umständen zumindest versuchen, eine Entbindung der vertraglichen Vereinbarung möglich zu machen.

Unterstützen durch Betreuung

Vor allem bei jungen Leuten mit einer geistigen Behinderung kann es sinnvoll sein, eine Betreuung anzuregen. Eine Pflicht dazu besteht allerdings nicht!

Es handelt sich dabei übrigens nicht um einen „Antrag", sondern – genau genommen – um eine „Anregung". Die Eltern wenden sich dafür normalerweise an das Vormundschaftsgericht. Sie schreiben entweder einen Brief oder rufen an, um sich die Unterlagen einer so genannten Betreuungsanregung zusenden zu lassen. Sie schlagen sich dann auch meist selbst als Betreuer vor. Es ist aber ebenfalls möglich und durchaus in Ordnung, dass andere Personen wie Lehrer, Mitarbeiter der Werkstatt für Behinderte oder des Wohnheims oder Geschwister eine Betreuung vorschlagen.

Danach ist es Aufgabe des Gerichts tätig zu werden und zu prüfen, ob eine Betreuung notwendig ist.

Notwendig kann diese sein, wenn der Volljährige aufgrund einer geistigen, seelischen, körperlichen oder psychischen Behinderung „... seine Angelegenheiten ganz oder teilweise nicht besorgen kann", so steht es im Gesetz (§1896 BGB).

Bis das Vormundschaftsgericht zu einem Beschluss kommt, beginnt nun ein recht aufwändiges **Verfahren**.

Ein sehr wichtiger Teil dabei ist die Befragung des oder der Betroffenen, denn es geht darum, deren Meinung zur Notwendigkeit einer Betreuung herauszufinden. Außerdem muss geklärt werden, ob der Volljährige mit der Person des Betreuers oder der Betreuerin einverstanden ist. Zugegeben, das ist nicht immer leicht, denn manche Menschen mit Behinderungen können sich nur schwer verständlich machen. Deshalb ist ein großes Maß an Fingerspitzengefühl nötig, um wirklich im Sinne des Betroffenen zu entscheiden. Deshalb: Sollten die zuständigen Personen einmal ungeduldig sein oder uninteressiert wirken, lassen Sie sich nicht verunsichern! Mit höflichem, aber durchaus selbstbewusstem Auftreten dürfen Sie ruhig klar machen, dass es hier um eine wichtige Entscheidung geht, die für die Zukunft dieses jungen Menschen von ganz entscheidender Bedeutung ist.

Falls Betroffene nicht in der Lage sind, sich selbst zu äußern, so wird häufig vom Gericht ein Verfahrenspfleger bestellt.

Im Rahmen des Betreuungsverfahrens muss außerdem das Gutachten eines Sachverständigen über die Notwendigkeit und das Ausmaß der Betreuung erstellt werden. Mit „Sachverständigen" sind meistens Ärzte gemeint. Zusätzlich werden vom Gericht nicht selten die sozialen Lebensverhältnisse in die Begutachtung mit einbezogen.

Stefan K.: *„Im Juli habe ich meinen 18. Geburtstag gefeiert. Zum Einstieg haben wir mit Sekt angestoßen. Am nächsten Tag in der Tagesstätte war meine Feier. Da gab es Bowle und ein paar Knabbersachen und es waren viele Freunde da. Wir haben ganz wild getanzt. Weil ich schon 18 und erwachsen bin, aber Schwierigkeiten habe, dass ich einige Dinge nicht alleine entscheiden kann, darum habe ich zwei Betreuer bekommen, nämlich Mama und Papa. Da mussten wir zum Amtsgericht gehen. Beim Richter ist es mir gut gegangen. Es ist Spitze, dass meine Eltern Betreuer geworden sind."*

Bei der Wahl des Betreuers folgt das Gericht meistens dem Vorschlag des Betroffenen. Berücksichtigt werden dabei auch familiäre Bindungen und deshalb ist es in aller Regel so, dass Eltern, die Betreuer werden wollen, auch dazu bestellt werden. Übrigens: Es ist sinnvoll, beide Elternteile als Betreuer einzusetzen. Falls einer verhindert ist, kann der andere nahtlos einspringen.

Tipp
Eine Broschüre zum Thema „Betreuungsrecht", die alle wichtigen Punkte detailliert beschreibt, kann von der Homepage des Bundesjustizministeriums unter www.bmj.bund.de/media/archive/1044.pdf heruntergeladen werden.

Dem oder den Betreuern wird eine Bestellungsurkunde (Betreuerausweis) mit Aufzählung der konkreten Aufgabenbereiche ausgehändigt. Das ist nötig, da man die Betreuung auf ganz bestimmte Gebiete beschränken kann, abhängig selbstverständlich von der Betreuungsbedürftigkeit des jeweilig Betroffenen. Die Aufgabenbereiche können z. B. sein:

- Personensorge (sie umfasst die Pflicht und das Recht, die Person zu pflegen, zu erziehen, zu beaufsichtigen und den Aufenthalt zu bestimmen)
- Zuführung und Einwilligung in ärztliche Heilbehandlung
- Gesundheitsfürsorge
- Vertretung gegenüber Ämtern und Behörden
- Vermögensvorsorge
- Aufenthaltsbestimmung
- Wohnungsangelegenheiten
- Geltendmachung von Rechten
- Anhalten, Entgegennahme und Öffnen der Post
- Entscheidung über Fernmeldeverkehr

Darüber hinaus gibt es allerdings Angelegenheiten, die auch ein Betreuer nicht allein entscheiden darf, er muss sich zusätzlich die Genehmigung des Vormundschaftsgerichts einholen. Dazu gehört unter anderem die Unterbringung z. B. in der geschlossenen Abteilung einer Psychiatrie, ärztliche Eingriffe, bei denen die Gefahr dauernder gesundheitlicher Schädigung besteht, Sterilisation, Rechtsgeschäfte über Grundstücke, Ausschlagung von Erbschaften oder Vermächtnissen, Wohnraumkündigungen.

Im Rahmen ihrer zugewiesenen Aufgaben sind die Betreuer gesetzliche Vertreter des Betreuten und unterstehen der Aufsicht des Vormundschaftsgerichts. Handelt es sich bei den Betreuern nicht um die Eltern, Geschwister oder sonstige Angehörige, dann muss alle fünf Jahre eine Vermögensübersicht über das Vermögen des Betreuten vorgelegt werden. Professionelle Betreuer müssen dies einmal im Jahr tun, sofern sie auch für die Vermögenssorge zuständig sind. Bei professionellen Betreuern handelt es sich üblicherweise um Personen, die mehrere gesetzliche Betreuungen als selbstständig Berufstätige übernommen haben und dafür von den Betreuten bezahlt werden müssen, solange diese Vermögen haben. Sollte das nicht der Fall sein, dann wird der Betreuer von der Staatskasse bezahlt. Die Höhe der Vergütung liegt je nach Fachkenntnissen sowie nach Schwierigkeit und Umfang der Betreuung und den damit verbundenen Geschäften, zwischen 18,– € und 31,– € pro Stunde.

Da sie grundsätzlich ehrenamtlich arbeiten, sind die so genannten Betreuungsvereine natürlich günstiger. Es handelt sich dabei fast immer um große Vereine wie die Lebenshilfe oder auch kirchliche Institutionen wie die Caritas, die eigene Organisationen eingerichtet haben, in denen z. B. Mitarbeiter oder Vereinsmitglieder als ehrenamtliche Betreuerinnen und Betreuer mitarbeiten. Diese Personen werden dann entsprechend beraten, fortgebildet und unterstützt, so dass sie auch als Laien in der Lage sind, Betreuungen zu übernehmen. Für ihre Tätigkeit können sie entweder eine Pauschale (323,– € jährlich) geltend machen oder jede einzelne Aufwendung abrechnen. Zugrunde gelegt werden dabei maximal 3,5 Stunden im Monat.

Ehrenamtlich – und deshalb nicht bezahlt – ist auch die Betreuungstätigkeit von Eltern. Nur die jährliche pauschale Aufwandsentschädigung steht ihnen zu – genau wie anderen ehrenamtlichen Betreuern. Diese Pauschale muss bei Gericht beantragt werden und wird, falls der Betreute die Summe nicht aufbringen kann, von der Staatskasse übernommen.

Frage: *Wenn einer ein schlechter Betreuer ist, was macht der?*
P.: *„Herumkommandieren."*
N.: *„Laut sein und rumschreien."*
R.: *„Drohen."*
Ch.: *„Wenn man immer rumgeschickt wird: Mach dies, mach das, mach jenes."*
J.: *„An jemandem immer rumziehen."*
W.: *„Wenn jemand etwas nicht gleich kann, dann wird gleich rumgeschrien. Er sollte höflicher sein und besser erklären. Und wenn ein Werkstattmitarbeiter etwas gut macht, dann soll man ihn auch loben."*

Da Betreuung nur in bestimmten Bereichen, in denen es unbedingt erforderlich ist, bestellt werden sollte, kann das Gericht auch einen so genannten **Einwilligungsvorbehalt** anordnen. Damit kann der Betreute Rechtsgeschäfte selbst tätigen. Die Wirksamkeit hängt jedoch von der Genehmigung des Betreuers ab. Handelt es sich dabei allerdings um geringfügige Angelegenheiten wie z. B. darum, wofür das Taschengeld ausgegeben wird, dann ist dafür keine Genehmigung eines Betreuers nötig. Das Vormundschaftsgericht kann bestimmen, bis zu welchem Betrag solche Rechtsgeschäfte selbstständig in die Hand genommen werden dürfen.

Die **Erteilung einer Vollmacht** macht dann Sinn, wenn der Volljährige weitgehend in der Lage ist, für sich selbst zu entscheiden. Dann kann der oder die Volljährige den Eltern eine Vertretungsmacht einräumen und bleibt trotzdem in vollem Umfang geschäftsfähig. Die Bevollmächtigten können lediglich im Namen des Sohnes oder der Tochter handeln. Der Umfang einer solchen Bevollmächtigung kann je nach individuellem Schutzbedürfnis bestimmt werden. Anhaltspunkte können auch hier die Aufgabenbereiche sein, die Betreuer übernehmen können. Für die Erteilung einer Vollmacht muss kein gerichtliches Betreuungsverfahren eingeleitet werden. Es genügt eine schriftliche Vollmachtserteilung mit Unterschrift!

Susanne L.: *„Ich bin jetzt Betreuerin für meinen Bruder, weil unsere Eltern beide nicht mehr leben. Die waren vorher als Betreuer für ihn eingesetzt und als dann meine Mutter so krank wurde, hat sie mich gefragt, ob ich das jetzt machen würde – was ich auch gerne tue, denn ich weiß doch am besten, was für meinen Bruder gut ist."*

Zu den Kosten

Das Gutachten des Sachverständigen und die Gerichtskosten für ein Betreuungsverfahren muss der Betroffene nur dann selbst bezahlen, wenn sein Vermögen 25.000,– € übersteigt oder einzusetzendes Einkommen (nach §1836c in Verbindung mit §85ff SGB XII) vorhanden ist. Die Kosten für den Verfahrenspfleger sind schon bei einem Vermögen von mehr als 2.301,– € vom Betroffenen selbst zu tragen.

Wird ein berufsmäßiger Betreuer bestellt, muss dessen Tätigkeit ebenfalls vom Betroffenen bezahlt werden, wenn dessen Vermögen 2.301,– € übersteigt.

Bei detaillierten Kostenfragen können von den Rechtspflegern beim Vormundschaftsgericht Auskünfte erteilt werden.

Weitere Informationen zum Betreuungsverfahren erhalten Sie bei der Betreuungsstelle Ihrer Kreisstadt oder im Landratsamt.

Das „Behindertentestament“

Da in diesem Lebensabschnitt sowieso einige Weichen neu gestellt werden, sollte man die Gelegenheit nutzen, auch für den Fall des Erbens und Vererbens Klarheit zu schaffen. Für Eltern ist es ein gutes Gefühl zu wissen, dass ihre Kinder auch nach ihrem Tod finanziell abgesichert sind. Aus diesem Grund versuchen die meisten, je nach ihren Möglichkeiten, Geld oder sonstige Vermögenswerte für die Nachkommen aufzubewahren. In ganz besonderer Weise gilt das für Eltern behinderter Kinder. Verständlich! Um für den Erbfall gut vorzusorgen, sollte man sich allerdings gut beraten lassen. Denn: Erben der Sohn oder die Tochter, die in einer vollstationären Einrichtung leben, aus dem Nachlass ein Vermögen, dann müssen die Kosten für die Wohnstätte so lange selbst finanziert werden, bis fast das gesamte Vermögen aufgebraucht ist. Das klingt zunächst nach einer berechtigten Forderung, denn warum soll jemand, der „reich“ ist, auf Kosten der Öffentlichkeit leben? Aber man muss bedenken, dass es keine Möglichkeit gibt, die kleinen Extras zu finanzieren, wenn das Vermögen einmal aufgebraucht ist. Und es wird sehr eng, wenn ein Behinderter eine Brille braucht, Zahnersatz, Kleidung oder wenn er eine Ferienreise unternehmen möchte, Karten für ein Fußballspiel oder ein Konzert kaufen will und das alles von seinem Taschengeld finanzieren soll.

Wer kein eigenes Vermögen hat, für den werden die Kosten für das Wohnen vom Sozialträger übernommen. Also wird es zunächst einmal das Ziel sein, das Testament so zu gestalten, dass das behinderte Kind auch tatsächlich etwas von seinem Erbe hat. Dazu ist es dringend erforderlich, dass Personen als Testamentsvollstrecker und Betreuer eingesetzt werden, die genau darauf achten. Außerdem sollte man ein so genanntes „Behindertentestament“ verfassen.

Die wichtigsten Punkte, die darin enthalten sein sollten, sind:

- Die Eltern setzen das behinderte Kind zum „beschränkten Vorerben“ bzw. zum „nicht befreiten Vorerben“ ein. Dabei muss der Erbanteil geringfügig über dem gesetzlichen Pflichtteil liegen.
- Ein Nacherbe muss ernannt werden. Das kann das nicht behinderte Geschwisterkind sein oder auch eine Organisation wie zum Beispiel die Lebenshilfe oder ein anderer gemeinnütziger Verein in der Behindertenhilfe.
- Für diese Vorerbschaft muss eine lebenslange Testamentsvollstreckung festgelegt werden.
- Ein Testamentsvollstrecker muss bestimmt werden und am besten noch ein Nachfolger, falls dem ersten etwas zustößt.
- Für den Testamentsvollstrecker sollte eine Verwaltungsanordnung festgelegt werden.
- Ein Betreuer sollte vorgeschlagen werden. Das können Geschwister, andere Angehörige, ehrenamtliche oder auch professionelle Betreuer sein, zu denen man Vertrauen hat.

Da das Verfassen eines Behindertentestaments im Einzelnen sehr kompliziert ist, macht es in jedem Fall Sinn, einen Fachanwalt oder Notar hinzuzuziehen, der sich gut im Sozialrecht auskennt. Auf der Homepage der Bundesvereinigung Lebenshilfe (www.lebenshilfe.de) kann man in der Rubrik „Recht“ unter dem Stichwort „Allgemeines“ eine Liste mit entsprechenden Fachanwälten finden.

Rechte und Pflichten

Wählen gehört ganz eindeutig zu den Pflichten eines mündigen Bürgers. Grundsätzlich darf also auch jeder Mensch mit einer Behinderung wählen, vorausgesetzt er steht nicht in jeder Hinsicht unter Betreuung. Alle, die schon mal gewählt haben, wissen, dass es gar nicht so einfach ist, sein Kreuzchen an der richtigen Stelle zu machen. Es beginnt schon damit, dass man sich informieren muss, welchem Politiker oder welcher Partei man seine Stimme gibt. Vor allem Menschen mit geistigen oder Lernbehinderungen brauchen da Unterstützung. Das kann durch Informationsveranstaltungen sein oder indem sich jemand Zeit nimmt und erklärt, wie diese oder jene Aussage von Politikern zu verstehen ist. Auch im Internet werden inzwischen unterschiedliche Hilfen angeboten, sei es von den Parteien selbst, sei es von Selbsthilfevereinen, die in einfacher Sprache und großer Schrift erklären, auf was es ihnen ankommt.

Die eigentliche Tätigkeit des Wählens sollte dann geheim in einer Kabine stattfinden. Was aber, wenn der oder die Wähler ihr Kreuzchen nicht selbst machen können? Oder wenn sie mit den großen Wahlzetteln nicht alleine zu Recht kommen? Wir schlagen vor:

1. *Beantragen Sie Briefwahl! Dann kann man in Ruhe zu Hause durchsprechen, wie man wählt, wen man wählt und warum besser der eine als der andere gewählt werden sollte.*
2. *Erklären Sie dem Wahlleiter, dass Sie den volljährigen, aber beeinträchtigten Wähler in die Kabine begleiten müssen, weil er sonst nicht richtig wählen kann. Man könnte auch anbieten, dass einer der Wahlhelfer als „Aufsicht" in die Kabine mitkommt. Wähler, die Schwierigkeiten mit dem Lesen haben, können sich übrigens von einem Wahlhelfer oder einer Begleitung die Wahlzettel vorlesen lassen.*

Führerschein machen gehört zu den sehnlichsten Wünschen vor allem der jungen Männer. Auch hier gilt: Wer 18 Jahre alt ist, kann im Prinzip den Führerschein machen. Die dazu nötigen gesetzlichen Bestimmungen sind alle in der so genannten „Straßenverkehrs-Zulassungs-Ordnung" (StVZO)geregelt. Für die Fahrerlaubnis allerdings ist eine gesonderte „Fahrerlaubnis-Verordnung" (FeV) zuständig. In dieser heißt es in § 2: „Wer sich infolge körperlicher oder geistiger Mängel nicht sicher im Verkehr bewegen kann, darf am Verkehr nur teilnehmen, wenn Vorsorge getroffen ist, dass er andere nicht gefährdet."

Praktisch sieht das so aus: Wer den Führerschein machen möchte, wendet sich zunächst einmal an eine Fahrschule und über diese Fahrschule kann man einen Antrag bei der zuständigen Führerscheinstelle einreichen. Auf diesem Antrag muss man angeben, welche Fähigkeiten eingeschränkt sind (Sehen, Hören, Reaktionsvermögen und Ähnliches mehr). Die Verwaltungsbehörde wird dann die körperliche und geistige Eignung prüfen. Dazu kann ein amts- oder fachärztliches Gutachten angefordert werden und/oder das Gutachten eines amtlich anerkannten Sachverständigen. Dieser Sachverständige, den man sich im Übrigen selbst wählen kann, wird meistens eine Probefahrstunde mit dem Betreffenden machen und der Behörde dann vorschlagen, welche Beschränkungen oder Auflagen für das Erteilen der Fahrerlaubnis sinnvoll wären. Es kann natürlich auch sein, dass der Sachverständige davon abrät, die Fahrerlaubnis überhaupt zu erteilen.

Ein medizinisch-psychologisches Gutachten ist immer dann erforderlich, wenn es sich bei den Einschränkungen um geistige Behinderungen, Erkrankungen des Gehirns (wie z. B. Epilepsie, oder eine Spastische Lähmung) und/oder eine körperliche Behinderung handelt.

> ***Florian Sch.:*** *„Mein größter Wunsch wäre, einmal am Steuer eines Autos sitzen zu dürfen. Ich will ja gar nicht dauernd rumfahren, aber einmal fühlen wie es ist, Gas zu geben – das wäre schon schön!"*

Wer also grundsätzlich die Zusage hat, den Führerschein machen zu dürfen, der kann mit den Fahrstunden beginnen, muss aber außer der praktischen Fahrprüfung auch noch eine theoretische Prüfung bestehen. Hier hat der Gesetzgeber vorgesehen, dass für Bewerber, die nicht lesen können, die Möglichkeit besteht, – „... gegebenenfalls mit Audio-Unterstützung – mündlich geprüft zu werden." Perfekte Lese- und Schreibkenntnisse sind also nicht zwingende Voraussetzungen.

Heiraten ist ein Bürgerrecht und deshalb kann sich jeder dazu entschließen, sobald der richtige Partner gefunden ist. Auch dann, wenn für andere Belange ein Betreuer eingesetzt ist. Der Betreuer muss der Heirat nicht zustimmen, falls der Punkt „Eheschließung" nicht Teil seines Aufgabenbereichs ist. Allerdings würde der Standesbeamte ernsthafte Einwände eines Betreuers natürlich anhören und in seine Entscheidung einbeziehen.

> ***Jan W., Betreuer im Wohnheim von Rudi und Iris:*** *„In der Vorbereitung für die Hochzeit stellten sich bald Hürden in den Weg, die nur schwer zu überspringen waren. Rudi ist kein deutscher Staatsbürger und eine Geburtsurkunde aus seinem Heimatort war einfach nicht zu bekommen. Nach etlichen Anläufen und zusammen mit dem gesetzlichen Betreuer entschlossen wir uns für Rudi die deutsche Staatsbürgerschaft zu beantragen. Kurz bevor er die doppelte Staatsbürgerschaft erhalten hatte, starb sein Vater. Da man im Heimatland des Bräutigams in der Trauerzeit nicht heiraten darf, wurde in unserem Team die Idee der ‚Liebessegnung' geboren. Ein verbindlicher, festlicher Akt, gleichzusetzen mit einer Heirat, aber ohne Trauschein."*

Hat ein Paar ein Aufgebot bestellt, dann wird in einem Gespräch die „Ehe-Geschäftsfähigkeit" der Antragsteller geprüft. Das bedeutet: Beide müssen „Einsichtsfähigkeit in das Wesen der Ehe" mitbringen. Falls Zweifel aufkommen, kann der Standesbeamte beim zuständigen Amtsgericht eine sorgfältige Prüfung und das Gutachten eines Facharztes anfordern. Ansonsten braucht man für eine Hochzeit beim Standesamt:

Unterlagen für die standesamtliche Hochzeit

- eine Abstammungsurkunde oder eine beglaubigte Abschrift des Familienbuches der Eltern beider Partner (nicht Familienstammbuch!),
- eine Aufenthaltsbescheinigung des Einwohnermeldeamtes,
- den Personalausweis oder Reisepass,
- einen Nachweis der Staatsangehörigkeit.
- Wer bereits verheiratet war, muss eine Scheidungs- oder Sterbeurkunde des ehemaligen Partners vorlegen.
- Wenn einer der Partner adoptiert wurde, brauchen der- oder diejenige noch zusätzliche Dokumente – dazu am besten beim zuständigen Standesamt nachfragen.
- Wer gemeinsame Kinder hat, braucht ebenfalls spezielle zusätzliche Dokumente und
- wenn einer Kinder aus früheren Ehen hat, braucht er ein vermögensrechtliches Auseinandersetzungs-Zeugnis.

Bei der Anmeldung im Standesamt dürfen alle diese Unterlagen nicht älter als ein halbes Jahr sein. Die Heirat wiederum muss innerhalb eines halben Jahres nach der Anmeldung zur Eheschließung stattfinden. Und: Zeugen benötigt man übrigens keine mehr bei der Trauung, aber der Brauch, sich das JA-Wort vor Zeugen zu geben, ist nach wie vor weit verbreitet.

Auch für eine kirchliche Trauung braucht man ein paar Unterlagen.

Unterlagen für die kirchliche Trauung

- Personalausweis,
- Taufbescheinigung,
- Konfirmations- bzw. Firmungsurkunde,
- Heiratsurkunde oder Aufgebotsbescheinigung vom Standesamt,
- Traulizenz zur Vorlage bei einem fremden Pfarrer, falls nicht in der Heimatgemeinde geheiratet wird.

Fazit: Es ist mit Sicherheit ein wenig aufwändiger, wenn ein Paar, das Begleitung braucht, heiraten möchte. Sind aber alle Behörden-Hürden genommen, steht einer Hochzeit eigentlich nichts im Wege!

> ***Ines H.:*** *„Wir haben kämpfen müssen, dass wir zusammen gekommen sind. Wegen der Erlaubnisse. Es war nicht erlaubt, zusammen zu sein und wir haben alles heimlich machen müssen. Dabei sind wir so glücklich zusammen."*

Mitgliedschaft in Vereinen und Selbsthilfegruppen gehört zu den Punkten, die bisher stark vernachlässigt wurden. Grund dafür war, dass viele Eltern gar nicht daran dachten, dass die jungen Leute mit Behinderungen vielleicht auch selbst Verantwortung übernehmen wollen. Mühsam und mit der Unterstützung fortschrittlich denkender Menschen entwickelte sich so langsam das Bewusstsein, dass sich Menschen mit Behinderung eigentlich auch selbst vertreten könnten. Inzwischen ist die Einstellung offener geworden. Jugendliche äußern was sie wollen, Lehrer, Erzieher, Geschwister oder auch Eltern helfen ihnen, ihren eigenen Weg zu finden. Dazu gehört es, für viele selbstverständlich, in einem Verein oder einer Selbsthilfegruppe aktiv zu sein.

Unter dem Dach der Bundesarbeitsgemeinschaft Hilfe für Behinderte e. V. (BAGH) sind fast alle Selbsthilfegruppen behinderter und chronisch kranker Menschen zu finden (Adresse im Anhang). Ob die Mitglieder dieser Vereine und Gruppen allerdings hauptsächlich Angehörige oder die Betroffenen selbst sind, ist schwer zu sagen. Vor allem bei Menschen mit geistiger Behinderung ist es ja auch nicht ganz einfach, sie in die Tätigkeiten eines Vereins einzubeziehen. Dennoch kann jeder mit 18 Mitglied in einem Verein seiner Wahl werden, sofern er oder sie geschäftsfähig ist.

> ***Matthias Neubauer, Mitglied im Lebenshilfe-Rat, einer Selbsthilfegruppe innerhalb des Vereins Lebenshilfe:*** *„Wenn der Geschäftsführer Fragen hat, sollte er uns fragen und nicht immer nur die Eltern. Behinderte sollten immer mitbestimmen. Seit ich hier in Marburg bin, merke ich auch an mir, wenn ich das Protokoll lese, ach, das ist ja gut. Wenn ich da raus komme, sage ich, da war wieder was dabei. Das war gut für mich. Deshalb sind wir ja hier, dass man sich gegenseitig hilft. Deshalb heißt das ja Selbsthilfegruppe."*

Eine besondere Stellung hat in diesem Zusammenhang die Bewegung **„People First"**. Sie wurde von Menschen mit geistiger Behinderung für Menschen mit geistiger Behinderung gegründet und hat inzwischen weltweit eine große Zahl von Mitgliedern. Sie treffen sich als Gruppe in unterschiedlichen Städten, haben aber auch eine übergeordnete Organisation, die in den einzelnen Ländern Zusammenkünfte organisiert und Internetauftritte (www.people1.de) gestaltet. Natürlich ist bei der einen oder anderen Tätigkeit die Unterstützung von nicht Behinderten nötig, aber im Prinzip zeigt „People First" deutlich, dass auch Menschen mit geistiger Behinderung durchaus das Bedürfnis haben, sich als Organisation in der Gesellschaft Gehör zu verschaffen.

Interessant für alle, die mehr darüber wissen wollen, ist das im Jahr 2005 beim Reinhardt Verlag erschienene Buch von Adrian Kniel und Matthias Windisch „People First – Selbsthilfegruppen von und für Menschen mit geistiger Behinderung".

Ausbildung und Beruf

Judith P.: „Ich möchte am liebsten Tänzerin oder Sängerin werden oder beides. Dann würde ich auf der Bühne stehen und zeigen, dass ich wie Shakira tanzen kann. Aber das wird wohl nichts, sagt meine Mama. Wahrscheinlich werde ich später eher mal in einem Café arbeiten oder in einer Küche. Wo weiß ich noch nicht, ich hoffe nur, dass ich dann nette Kollegen habe. Jetzt suchen wir erstmal eine Möglichkeit, ein Berufsbildendes Jahr zu machen."

Wenn die Schulzeit endet

Der Übergang von der Schule ins Berufsleben ist für alle jungen Leute von großer Bedeutung. Es ist eine Zeit der Hoffnungen, Zweifel, Ängste und Unsicherheit. Nur wenige blicken in eine eindeutig vorgezeichnete Zukunft. Deshalb müssen Eltern und Jugendliche am besten gemeinsam einen neuen Weg finden. Doch wie macht man das? Wie weckt man Lust auf Neues, wenn man weiß, dass manche Enttäuschung nicht ausbleiben wird? Wie findet man überhaupt heraus, was der junge Mensch kann und ob es ihm Spaß macht? Wie findet man Ausbildungs- und Arbeitsplätze in einem Land, in dem genau diese schon für sehr gut qualifizierte Jugendliche nicht zur Verfügung stehen?

Fragen über Fragen, die sich natürlich nicht alle auf einmal klären lassen. Zunächst können Eltern versuchen, mit dem Sohn oder der Tochter immer wieder ins Gespräch zu kommen und so miteinander vorab Ideen sammeln. Manchmal wird das sicher nicht einfach sein, denn Jugendliche haben oft keine Lust, an irgendetwas, was noch in der Ferne liegt, einen Gedanken zu verschwenden. Manche sind auch ängstlich und wollen einfach nicht an eine Zeit nach der Schule denken. Vor allem für junge Erwachsene mit geistigen Behinderungen ist es schwierig, Zukunftspläne zu schmieden. Dennoch ist der erste Schritt für alle, immer wieder das Thema „Arbeit" und „Beruf" anzuschneiden, ganz gleich in welchem Zusammenhang.

Nebenbei ist es sicherlich sinnvoll, wenn sich Eltern umfassend informieren, was es vor Ort für Möglichkeiten gibt, eine Ausbildung zu machen oder zu arbeiten. Hilfreich sind hierbei zum einen Gespräche mit anderen Eltern, die vielleicht den Übergang ihres Sprösslings in die Arbeitswelt schon hinter sich haben, zum anderen können auch die Lehrerinnen und Lehrer in der Schule weiterhelfen. Sie kennen normalerweise die Fähigkeiten oder die Schwierigkeiten der jungen Erwachsenen und sie haben Erfahrung mit Schulabgängern. Auch die Agentur für Arbeit ist eine Adresse, die man aus verschiedenen Gründen nicht außer Acht lassen darf. Hier gibt es Ansprechpartner, die für junge Leute mit Behinderung zur Verfügung stehen und die über Ausbildungs- und Arbeitsplätze informiert sind.

So nach und nach wird sich herausstellen, welche Möglichkeiten es überhaupt gibt. Der nächste Schritt wird dann sein herauszufinden, was für den Sohn oder die Tochter der passende Beruf wäre.

> **Anna L.:** *„Es war eine sehr schöne Zeit in der Schule, aber ich bin froh, dass ich jetzt endlich arbeiten darf. Ich arbeite gerne im Team, denn da gibt es immer viel zu lachen. Außerdem bin ich froh, dass ich in einem Büro die Post austragen darf. Mein Traumjob wäre allerdings gewesen, in einem Radiosender mitzumachen. Vielleicht eine Reportage draußen bei Konzerten zum Beispiel oder einem Sommerfest."*

Übrigens ist diese Umbruchphase nicht nur für die Jugendlichen schwierig. Auch die Eltern werden in dem Zusammenhang noch einmal an einen Punkt geführt, der ihnen deutlich macht, inwieweit ihr Kind anders ist und mehr Unterstützung braucht.

Ganz gleich wie stolz man auf die Fortschritte und Fähigkeiten des Sohnes oder der Tochter sein kann, die Eltern müssen am Ende der Schulzeit noch einmal lernen zu akzeptieren, dass junge Leute mit Behinderung andere Wege gehen müssen. Keine Frage, auch sie können Erfolg haben und glücklich in ihrem Beruf sein.

Eine Hilfe ist in diesem Zusammenhang vielleicht, wenn man sich klar macht: Glück im Beruf bedeutet vor allem, seinen Platz im Leben zu finden und dieser Platz kann selbstverständlich auch in einer Förderstätte oder einer Werkstatt für Menschen mit Behinderung sein! Denn letztendlich kommt es doch darauf an, dass die Berufsanfänger sich wohl und geborgen fühlen, nach ihren Möglichkeiten gefördert und ausgebildet werden und nicht pausenlos überfordert und gestresst sind.

Wie bereitet die Schule auf die Arbeitswelt vor?

Langjährige Erfahrung hat gezeigt, dass es sinnvoll ist, Menschen mit Behinderungen schon in den letzten Schuljahren gezielt auf ein Berufsleben vorzubereiten. Aus diesem Grund sind die **„Oberstufen“** oder auch **„Werkstufen“** entstanden, die je nach Schule eigene Konzepte haben. In den meisten Fällen bedeutet das, dass im Unterricht mehr Gewicht auf die handwerklichen, eventuell auch kaufmännischen bzw. lebenspraktischen Themen gelegt wird.

Für Sie als Eltern ist jetzt der Moment gekommen, zusammen mit Ihrem Sohn oder Ihrer Tochter und den Lehrern eine Entscheidung herbeizuführen. Dabei sollte grundsätzlich überlegt werden, ob die jungen Erwachsenen

- eine Berufsvorbereitende Bildungsmaßnahme,
- ein Berufsbildungswerk,
- einen Berufsbildungsbereich einer Werkstatt für behinderte Menschen (WfbM),
- einen Ausbildungsplatz in einem Integrationsbetrieb oder auf dem freien Arbeitsmarkt suchen sollen.

Um herauszufinden, welche dieser Wege überhaupt in Frage kommen, gibt es schon in der Schulzeit verschiedene Möglichkeiten, sich zu orientieren.

Am besten geeignet dafür sind **Praktika**, die außerhalb der Schule gemacht werden können. Sie dauern meistens nicht länger als zwei bis vier Wochen und man kann in dieser Zeit verschiedene Arbeitsbereiche ausprobieren. Geld bekommt man nicht oder nur unter ganz bestimmten Umständen. Auch die Fahrt zum Praktikumsplatz muss man selbst organisieren und gegebenenfalls eine Unterkunft besorgen.

> *Katarina B.: „Ich möchte meiner Steffi jede Enttäuschung ersparen. Ich mache alles lieber umgekehrt, erst das Praktikum in der Werkstatt für behinderte Menschen, dort wird sie auch verschiedene Arbeitsbereiche testen. Dann kann man immer noch überlegen, wie es weiter gehen soll.“*

Üblicherweise ist die Schule dabei behilflich, einen Praktikumsplatz zu finden. Aber es ist auf jeden Fall sinnvoll, wenn sich die Eltern ebenfalls darum kümmern. Je nach Vorliebe und Fähigkeiten des Jugendlichen kann man zum Beispiel einfach mal im kleinen Gemüseladen um die Ecke nachfragen, ob der Sohn oder die Tochter nicht reinschnuppern könnte. Auch in Kindergärten, Cafés oder Gärtnereien, am Arbeitsplatz des Vaters oder der Mutter kann man es versuchen.

Natürlich sollten die Eltern die Fähigkeiten der jungen Erwachsenen realistisch sehen. Denn wer zu viel vom Jugendlichen oder auch vom Arbeitgeber auf Zeit erwartet, wird möglicherweise enttäuscht werden.

Damit das Praktikum nicht schief geht, sind ganz genaue Absprachen nötig. So sollte sich der angehende Praktikant seinen Arbeitsplatz vorher schon einmal anschauen können. Außerdem ist es wichtig zu klären, ob jemand da ist, der sich um den Neuling kümmern kann.

> ***Linda J.:*** *„Am ersten Tag kam Almut ganz begeistert von ihrem Praktikum in einem Kindergarten zurück. Am zweiten Abend war sie ziemlich bedrückt. Man hatte von ihr erwartet, dass sie nach der kurzen eintägigen Einweisung alles ganz selbstständig macht und den Überblick hat, was wie getan werden muss. Damit aber war sie völlig überfordert. Wir mussten das Praktikum dann abbrechen, weil niemand Zeit hatte, sie wirklich zu unterstützen. Schade, die Arbeit hätte ihr schon Spaß gemacht. Ihr Selbstbewusstsein war ziemlich angeknackst, sie hielt sich für einen völligen Versager."*

Manchmal sind Eltern und Betriebsleitung ganz unterschiedlicher Meinung darüber, was der Jugendliche können sollte und was nicht. In so einem Fall kann es hilfreich sein, wenn neutrale Personen wie zum Beispiel die Lehrer der Schüler direkt Kontakt mit dem Betrieb aufnehmen. Sie können dem Chef oder der Chefin berichten, was vom Praktikanten zu erwarten ist und falsche Vorstellungen und Konzepte gegebenenfalls entsprechend korrigieren.

Auch das muss hier gesagt werden: Eltern und Jugendliche werden in dieser Phase lernen müssen, mit Absagen und Enttäuschungen umzugehen. So sind zum Beispiel nicht alle Geschäftsleute bereit, überhaupt einen Praktikanten zu nehmen. Aus welchen Gründen auch immer! Andere bieten Praktika an, sind aber mit der Leistung des Jugendlichen nicht zufrieden und brechen das Praktikum ab. Und wieder andere haben eigentlich gar keine Zeit und auch keine passenden Aufgaben für ihre Praktikanten, so dass diese nur rumsitzen und nichts zu tun haben.

Sehr viele Geschäftsinhaber und Betriebe sind allerdings ausgesprochen freundlich und hilfsbereit, wenn es um Praktikumsplätze für junge Leute geht. Gut für den unkomplizierten Umgang miteinander sind fast immer offene Gespräche und eine positive Einstellung.

Auch Werkstätten für Menschen mit Behinderung bieten Praktika an, ebenso Förderstätten für Menschen mit schwereren Behinderungen. Schließlich geht es für alle Schüler darum, Arbeitsbereiche auszuprobieren und eigene Interessen zu entwickeln.

> ***Lieselotte B.:*** *„Die Schule hatte für Julian einen Praktikumsplatz in einer Werkstatt organisiert. Ich war ganz erstaunt, wie professionell und gewinnorientiert es da zugeht. Ich hatte mir das ganz anders vorgestellt. Jetzt habe ich auch keine Probleme mehr, mir für Julian hier einen Arbeitsplatz zu wünschen."*

Schön, wenn das Praktikum erfolgreich absolviert werden kann, wenn Arbeitgeber und Praktikant gut miteinander zurechtkommen und die Arbeit Spaß macht. Ist das nicht der Fall, dann ist das zunächst mal kein Grund, gleich aufzugeben. Ursachenforschung sollte betrieben werden. Woran lag es?

- Was hat der Jugendliche falsch gemacht?
- Hat der Arbeitgeber etwas falsch gemacht?
- Lag es an unterschiedlichen Erwartungen?
- Hat sich der Praktikant merkwürdig verhalten? Oder z. B. zu oft verschlafen?
- Bestimmte Arbeiten nicht ordentlich ausgeführt?

Diese und andere Fragen sollten am besten gemeinsam beantwortet werden.

Natürlich kann es auch vorkommen, dass einfach die „Chemie" im Betrieb nicht gestimmt hat. Jedenfalls ist es für Eltern nie leicht zu akzeptieren, dass nicht jeder in ihrem Kind den fröhlichen, leistungsbereiten, ordentlichen, jungen Menschen sieht, wie sie das tun! Aber vielleicht kann man aus Absagen oder Kritik auch etwas für die Zukunft lernen.

Und wer Lob zu hören bekommt, kann sich einfach darüber freuen!

> ***Marion B.:*** *„Der Koch hatte wohl wirklich keine Ahnung, was da auf ihn zugekommen war. Er war etwas enttäuscht über die Geschwindigkeit, die meine Tochter an den Tag legte. Die Arbeit in einer Küche*

> *im Altenheim ist eben zu gewissen Zeiten sehr stressig und Corinna braucht viel Ansprache. Aufräumen musste z. B. immer wieder angemahnt werden, richtig schrubben war fast nicht möglich (zu der Zeit war sie schon absolut platt, hatte schon 4 1/2 Stunden auf den Beinen gestanden). Wir haben versucht, dem Koch beizubiegen, dass das total normal ist, sie erst 16 Jahre alt und das erste Mal in einer solch großen Küche beschäftigt. Für mich war das Praktikum insgesamt trotzdem ein super Erfolg, enttäuscht war ich darüber, wie wenig in der normalen Arbeitswelt über unsere Kinder mit Down-Syndrom bekannt ist. Ich hoffe, wir haben viel erklärt, der Koch hat bemerkt, wie zufrieden wir waren, aber ich bin mir halt nicht sicher."*

Manche Familien haben von vornherein eine bestimmte Werkstatt oder Einrichtung ins Auge gefasst, die für einen späteren Arbeitsplatz in Frage kommt. In solchen Fällen ist es sinnvoll, gezielt dort ein Praktikum zu machen.

> **Ingeborg H.:** *„Unsere Tochter hat schon während der Werkstufe ein Praktikum in einer Förderstätte machen können. Wir waren sehr froh darüber, denn auch wir Eltern hatten eigentlich keine genaue Vorstellung davon, wie es hier zugeht und was unsere Tochter da arbeiten könnte."*

Es ist auf alle Fälle gut, wenn die jungen Leute möglichst vieles ausprobieren dürfen!

Eine andere Variante, die eigentlich aus der Not heraus entstanden ist, weil es eben nicht so leicht ist, jede Menge Praktikumsplätze zu finden, sind die so genannten **„Schülerfirmen"**. Sie werden innerhalb der Schule gegründet. Meist stehen Lehrer oder manchmal auch Fachleute von außen zur Verfügung, die wie in realen Betrieben Organisation und Betriebsführung mit den Schülern üben. Angefangen vom Schreiben der Lebensläufe bis zum Bewerbungsgespräch werden hier – je nach Möglichkeiten – Arbeitserfahrungen gesammelt. Diese können im Gastronomiebereich sein, im Handwerk (Fahrradwerkstatt, Gärtnerei und Ähnliches), im Büro oder bei einer Kinderbetreuung – vieles ist denkbar! Inzwischen gibt es zahlreiche Beispiele für Schülerfirmen und sie sind eine gute Alternative, denn hier wird Arbeitsalltag eingeübt und das wirkt sich positiv auf die Berufsfindung und den Einstieg ins Arbeitsleben aus.

Einig sind sich alle Beteiligten darin, dass eine enge Vernetzung für die Jugendlichen von entscheidender Bedeutung ist. So kann eine persönliche Zukunftsplanung einfach besser gelingen! Hilfreich können dabei Projekte wie die so genannte „Berufswegekonferenz" sein, die zunächst im Rahmen eines Modellprojekts des Integrationsamtes in Baden-Württemberg entwickelt wurde und für Schülerinnen und Schüler aus Sonderschulen gedacht war. Hierbei soll das Ziel „Berufliche Eingliederung auf dem allgemeinen Arbeitsmarkt" dadurch erreicht werden, dass Schulen, Werkstätten, Berufsberatung der Arbeitsagentur, Integrationsfachdienste, Bildungsträger, Jugendliche und Eltern zusammenarbeiten.

Leider hat sich dieses Konzept der Berufswegekonferenz noch nicht überall durchsetzen können und so gibt es eher selten individuelle Lösungen für Schülerinnen und Schüler von Förder- oder Sonderschulen.

Die Idee, alle zu vernetzen, die Jugendlichen mit einer Behinderung helfen, Ausbildungs- bzw. Arbeitsplätze zu finden, wurde inzwischen auch in anderen Bundesländern übernommen. Unter anderem dank der Bundesarbeitsgemeinschaft für Unterstützte Beschäftigung (BAG UB). Dieser Verein kümmert sich intensiv darum, Schülern mit Behinderungen oder Beeinträchtigungen auf dem Arbeitsmarkt Chancen zu verschaffen.

Bereits in der 10. Klasse sollte die Zusammenarbeit von Schule, Werkstatt, Berufsberatung der Arbeitsagentur, Integrationsfachdienst, Schülern sowie deren Eltern beginnen.

> ***Die Bundesarbeitsgemeinschaft für Unterstützte Beschäftigung (BAG UB):*** *„Insbesondere Modelle zum Übergang von der Schule auf den allgemeinen Arbeitsmarkt sind bis heute eher auf das Engagement einzelner Personen und Projekte gestützt. Sie stehen bisher bundesweit nicht flächendeckend zur Verfügung."*

Wenn von einem Integrationsamt im Zusammenhang mit behinderten Jugendlichen die Rede ist, dann ist damit eine Behörde gemeint, die sich – ganz allgemein gesprochen – um die Belange von Schwerbehinderten kümmert. Diese Ämter sind in den einzelnen Bundesländern kommunal oder staatlich organisiert. Sie kooperieren mit den Fürsorgestellen, die meistens beim Sozialamt des Kreises oder der Stadt zu finden sind. Um besser zusammenarbeiten zu können, haben sich die Integrationsämter und die Hauptfürsorgestellen zu einer Bundesarbeitsgemeinschaft (BIH) zusammengeschlossen.

Anlaufstelle Arbeitsagentur

Die wichtigste Instanz in allen Fragen, was Ausbildung und Beruf angeht, ist die Agentur für Arbeit. Fast alle Schulen holen im letzten Schuljahr einen der zuständigen Berater in die Abschlussklasse und geben so Schülern und Eltern die Gelegenheit, sich zu informieren über Möglichkeiten und Finanzierung einer beruflichen Bildung.

Hilfreich für die erste Orientierung: Die so genannten Selbstinformationseinrichtungen (SIE) oder auch Berufsinformationszentren (BIZ). Sie sind in den Arbeitsagenturen zu finden und bieten eine Fülle von Büchern, Broschüren und Infomappen sowie Computer- und Hörprogramme, Dias und Filme. Wer mit der Menge an Material nicht selbst zurechtkommt, kann auch die Mitarbeiter ansprechen, die für Fragen wie „Wo finde ich dies oder das?“ dort zur Verfügung stehen.

Für viele besser zu handhaben ist die Informationsbroschüre: „ABC – Ausbildung, Beruf, Chancen“. Das speziell für junge Leute aufgelegte Heft kann man im Internet unter www.AusbildungBeruf Chancen.de einsehen oder man bekommt es kostenlos entweder bei der Bundesanstalt für Arbeit oder der örtlichen Agentur für Arbeit. Darin sind die wichtigsten Berufe, Ausbildungsmöglichkeiten und Hilfen zusammengefasst. Spezialausgaben richten sich besonders an Menschen mit Lernbehinderung, Seh- oder Hörschädigung.

Am besten arbeiten Eltern und Jugendliche das Heft zusammen durch. Dabei tauchen sicherlich Fragen auf, die man dann gezielt bei einem Einzelgespräch in der zuständigen Agentur für Arbeit klären kann.

Für solch ein Gespräch meldet man sich schriftlich oder telefonisch bei den Beratern der Arbeitsagentur an. Wer nichts vergessen will, notiert sich alle Fragen. Oft ist es gut, wenn man zu zweit zu dem Gesprächstermin geht, denn häufig fällt einem noch etwas ein, was der andere vergessen hat.

> ***Reiner W.:*** *„Meiner Frau und mir hat die Dame beim Arbeitsamt sehr gut weitergeholfen. Wir wussten ja anfangs gar nicht, an wen wir uns wenden sollten. Sie hatte auch gleich die richtigen Adressen und Telefonnummern parat.“*

Noch ein kleiner Tipp am Rande: Lassen Sie sich bitte nicht davon abschrecken, dass es in einer Agentur für Arbeit oft sehr umständlich zugeht. Wartezeiten sollte man schon vorher einkalkulieren und gelegentlich sind die Berater genervt und nicht ausreichend informiert.

> **Rita Z.:** *„Also ich war vielleicht sauer, als mir der Zuständige bei der Agentur für Arbeit schulterzuckend sagte ‚In der Werkstatt für Behinderte ist doch ein wunderbarer Platz für ihren Sohn, warum wollen Sie unbedingt einen integrativen Ausbildungsplatz finden?' So darf das doch nicht sein! Ich machte mich dann selber auf die Suche und fand nach ewigem Hin und Her tatsächlich einen Platz für ihn im Berufsbildungsbereich im Zentrum für Hörgeschädigte. Integrativ in dem Sinn ist das zwar nicht, aber hier passt er doch wesentlich besser hin als in die Werkstatt."*

Die meisten Mitarbeiter der Arbeitsagentur sind jedoch sehr daran interessiert, Ihnen und den jungen Leuten weiterzuhelfen. Sie kennen Adressen und Ansprechpartner, sie wissen, wie man welche Formulare ausfüllt und wohin man sich eventuell noch wenden kann.

Man trifft auf Mitarbeiter, die einen Überblick über berufsvorbereitende, berufsbildende oder qualifizierende Maßnahmen für Jugendliche mit Behinderung haben sowie einen Überblick über Arbeitsplätze und freie Stellen.

Doch bevor überhaupt eine Vermittlung an einen Ausbildungsplatz stattfinden kann, müssen erst einmal ein paar bürokratische Hürden genommen werden. Grund dafür ist, dass die Arbeitsagentur die Ausbildungs- oder Arbeitsplätze für Menschen mit einer Behinderung meistens finanziert und deshalb ein paar Grundvoraussetzungen erfüllt sein müssen.

Zuständig ist das **Team für Rehabilitation oder Reha-Team.** Dabei handelt es sich um einen Service-Dienst der Agentur für Arbeit speziell für behinderte Menschen. Die Aufgaben der geschulten Mitarbeiterinnen und Mitarbeiter sind: individuelle Beratung, Vermittlung und Förderung in allen Fragen von Ausbildung, Weiterbildung und Beruf. Übrigens auch dann, wenn Arbeitslosigkeit droht.

Ganz praktisch sieht das so aus: Die Schulabgänger gehen allein oder zusammen mit ihren Eltern oder Betreuern zur Arbeitsagentur. Ein Mitarbeiter des Reha-Teams erklärt, in welcher Reihenfolge welche Schritte unternommen werden müssen. Bevor überhaupt irgend etwas passiert, muss hier festgestellt werden, um welche Behinderung bzw. drohende Behinderung es sich bei dem oder der Jugendlichen handelt.

Daraufhin wird von einem **Fachdienst** eine Eignungsprognose erstellt und der individuelle Förderbedarf geklärt. Der Fachdienst setzt sich zusammen aus Technikern, die überlegen, in welchem Umfang Hilfen wie z. B. Rollstühle oder spezielle Arbeitsgeräte am Arbeits-

oder Ausbildungsplatz nötig sind. Außerdem sind dabei: Ärzte für die medizinischen Fragen und Psychologen, die versuchen, die intellektuelle Leistungsfähigkeit und die Belastbarkeit des jungen Menschen zu testen.

Übrigens: Keiner muss diesen Fachdienst nutzen, allerdings werden dann auch die eventuell nötigen Hilfen nicht finanziert.

Um ein möglichst umfassendes Bild des Berufsanfängers zu bekommen, werden selbstverständlich die Vorlieben, Interessen und Fähigkeiten mit in die Ausbildungsplatz- bzw. die Berufssuche einbezogen. Mit Hilfe eines Tests werden die intellektuellen und motorischen Fähigkeiten des Jugendlichen geprüft. In Zweifelsfällen schlagen die Berater danach vor, mit Hilfe einer **Arbeitserprobung**, umgangssprachlich auch Praktikum genannt (Theorie und Praxis), zu klären, ob der Berufsanfänger bestimmten Anforderungen überhaupt gewachsen ist. Maximal vier Wochen dauert das.

Eine Variante davon ist die **„Maßnahme zur Abklärung der beruflichen Eignung“**. Auch hierbei handelt es sich um die Erprobung in Theorie und Praxis eines Berufes.

Der Unterschied: Hier soll in maximal drei Monaten herausgefunden werden, ob sich der Bewerber für eine Berufsvorbereitende Bildungsmaßnahme, den Beginn einer Ausbildung oder den Start in einem bestimmten Beruf eignet. Alle diese Diagnosen und Überlegungen fließen dann in einen Förderplan ein, der an die Ausbildungs- bzw. Arbeitsstätte des Jugendlichen weitergegeben wird.

Gut, wenn man schon weiß, in welche Richtung es weitergehen soll. Aber auch für diejenigen, die noch unentschlossen sind, bieten Berufsschulen und Berufsbildungswerke sowie der Bildungsbereich in den Werkstätten für Menschen mit Behinderung gewisse Chancen, unterschiedliche Berufe näher kennen zu lernen.

Schwerer behinderten Schulabgängern soll der Übergang von der Schule in den Beruf durch die **Integrationsfachdienste** (IDF) erleichtert werden. Es gibt diesen Fachdienst überall in Deutschland und man kann bei der örtlichen Arbeitsagentur nachfragen, wer der zuständige Ansprechpartner ist, denn unterschiedliche Träger bieten den Dienst an. Integrationsfachdienste arbeiten im Auftrag der Agenturen für Arbeit und Rehabilitation oder der Integrationsämter. Sie kümmern sich

- um die Berufsplanung,
- die Erstellung eines Profils, das Interessen und Fähigkeiten berücksichtigt,

- die Suche nach einem geeigneten Arbeitsplatz,
- die Unterstützung der Betriebe,
- die Abklärung der Leistungen für den Arbeitgeber
- und um Krisenintervention – falls dies notwendig werden sollte.

Schwerer behinderte Menschen haben außerdem den Rechtsanspruch auf eine persönliche Assistenz am Arbeitsplatz, finanziert unter bestimmten Bedingungen von den Integrationsämtern oder den Rehabilitationsträgern. Diese Form der Unterstützung leisten so genannte **Arbeitsassistenten**, auch **Integrationsberater** oder **Job-Coach** genannt. Eine spezielle Ausbildung für diesen Beruf gibt es bisher nicht. Die meisten haben eine pädagogische Vorbildung. Wünschenswert wäre allerdings, dass durch Fortbildungen weitergehende Fähigkeiten erworben werden. Denn Arbeitsassistenten müssen eine ganze Menge leisten. Neben der pädagogischen Tätigkeit sind häufig Behördengänge nötig, auch als Ansprechpartner für die Arbeitgeber sollten sie da sein und ein gewisses technisches Verständnis für Hilfsmittel bzw. Arbeitsabläufe würde ebenfalls Sinn machen.

In der Hand der Agentur für Arbeit laufen die Fäden also zunächst einmal zusammen. Für alle Schulabgänger ist sie deshalb erste Station, bevor weitere Entscheidungen gefällt werden. Fassen wir also noch einmal zusammen was getan werden muss:

1. *Kontakt mit dem Arbeitsamt aufnehmen.*
2. *Herausfinden, wer zuständig ist (meist kümmern sich bestimmte Mitarbeiter um bestimmte Schulen oder Einrichtungen).*
3. *Termin vereinbaren.*

Bei diesem Gesprächstermin müssen dann folgende Fragen angesprochen werden:

- Welche Ausbildungsmöglichkeiten oder qualifizierenden Maßnahmen gibt es?
- Welche Berufe können angestrebt werden?
- Welche Aufnahmetests sind nötig?
- Wo und wann können die Tests gemacht werden?
- Welche Anmeldungsfristen müssen beachtet werden?
- Wer finanziert was? Z. B. die Fahrt zum Ausbildungsplatz, die Unterbringung, die Verpflegung?

- Ansprechpartner und Anschriften der Ausbildungsstätten bzw. Werkstätten und Betriebe, die in Frage kommen.
- Wer stellt den Kontakt zum Fachdienst der Agentur für Arbeit her? Termin?
- Gegebenenfalls Kontaktperson beim Integrationsfachdienst nennen.
- Anspruch auf Arbeitsassistenz klären und Ansprechpartner erfragen.

Ausbildung – Investition in die Zukunft

Einen Ausbildungsplatz auf dem allgemeinen Arbeitsmarkt zu bekommen ist für alle jungen Leute schwierig. Fast unmöglich aber ist es für Erwachsene mit einer Behinderung. Der Gesetzgeber hat deshalb vorgesehen, dass man allen Jugendlichen, die sich schwer tun, noch ein wenig Zeit einräumt, damit sie fit gemacht werden können für eine Lehrstelle oder eine Berufsausbildung. **Berufsvorbereitende Bildungsmaßnahmen** (BvB) wird das genannt. Man fasst damit ein breites Angebot an Möglichkeiten zusammen, von unterschiedlichen freien Trägern sowie von den so genannten Berufsbildungswerken angeboten und fachlich betreut.

Vor allem wenn nicht ganz eindeutig klar ist, welchen Anforderungen die Jugendlichen gewachsen sind, inwieweit sie noch gefördert werden können und welcher Ausbildungsberuf vielleicht für sie in Frage käme, gibt es hier die Gelegenheit, noch einmal genauer zu prüfen, wie die Zukunft für diesen jungen Menschen vielleicht aussehen könnte. Immer mit dem Ziel, einen Übergang in eine qualifizierte Berufsausbildung bzw. ins Erwerbsleben zu schaffen.

Vorbereitung zur Ausbildung: Berufsvorbereitende Bildungsmaßnahme (BvB)

Um eine Berufsvorbereitende Bildungsmaßnahme oder einen Berufsvorbereitenden Lehrgang besuchen zu können, wird vorher durch die Mitarbeiter des Reha-Teams in der Agentur für Arbeit getestet, was die Berufsanfänger können. Für schwerer behinderte Jugendliche ist diese Bildungsmaßnahme nämlich nicht gedacht. Wer den Test entsprechend bestanden hat, wird dann von den Fachleuten der Arbeitsagentur in einen geeigneten Lehrgang vermittelt, der zwischen drei und elf Monaten dauert. In dieser Zeit kann man verschiedene Berufsfelder kennen lernen. Angeboten werden z. B. die Bereiche:

- Metall und Holz
- Drucktechnik
- Installationstechnik
- Farbe und Raumgestaltung
- Wirtschaft und Verwaltung
- Lager und Handel
- Hauswirtschaft, Hotel und Gaststätten
- Gesundheit und Soziales
- Garten und Landschaftsbau
- Kosmetik und Körperpflege und ähnliches mehr.

Geschultes Personal kümmert sich darum, dass zunächst einmal herausgefunden wird, welche Fähigkeiten und Fertigkeiten die Teilnehmer mitbringen und für welchen Beruf er oder sie sich interessiert. Stichwort: Eignungsanalyse.

Danach wird für jeden einzeln ein individueller Förderplan erstellt, der während der ganzen Zeit fortgeschrieben und auch mal verändert wird, je nachdem wie sich die jungen Erwachsenen entwickeln. In verschiedenen Praktika soll nebenbei herausgefunden werden, wie sich der gewünschte Beruf im realen Arbeitsleben „anfühlt" und im dazugehörigen Unterricht werden theoretische und fachbezogene Kenntnisse vermittelt. Am Schluss des Jahres macht jeder eine Prüfung und einige wenige schaffen es dann auch, gezielt bestimmte Qualifikationen zu erwerben oder den Hauptschulabschluss nachzuholen.

Ergänzend finden immer wieder Beratungsgespräche mit den Eltern oder der Schule statt, psychologische Testverfahren, eine genaue Beobachtung durch die Lehrer sollen so nach und nach zu einem Gesamtbild führen, das es ermöglicht, den am ehesten geeigneten Ausbildungs- oder Arbeitsplatz zu finden.

Organisiert wird die Maßnahme immer über die Arbeitsagentur, die auch die freien Plätze kennt und die Jugendlichen entsprechend dorthin vermitteln kann.

> ***Ulrich S.:*** *„Es war nicht leicht, für Markus einen Platz in einer Berufsvorbereitenden Maßnahme zu ergattern und er tat sich auch ziemlich schwer, mit seinen Kollegen mitzuhalten. Trotzdem hat er dort eine Menge gelernt und wir sind froh, dass er dieses zusätzliche Jahr machen konnte."*

Angeboten werden Berufsvorbereitende Bildungsmaßnahmen im Grunde in jeder Stadt. Auf dem Land könnte es manchmal ein wenig schwieriger sein, in erreichbarer Nähe eine Einrichtung zu finden.

Für die Finanzierung sind die so genannten Rehabilitationsträger (Krankenkassen, Agentur für Arbeit, Rentenversicherung, Versorgungsämter, Jugendämter und andere mehr) zuständig.

Noch ein Punkt: Im Prinzip werden Berufsvorbereitende Maßnahmen von unterschiedlichen Trägern und Einrichtungen angeboten. So haben z. B. Sehbehinderte oft andere Ausbildungsstätten als Menschen, die im Rollstuhl sitzen. Entsprechend wird man sich natürlich an die passenden Einrichtungen, die Berufsvorbereitende Lehrgänge anbieten, wenden. Dennoch müssen Eltern darauf gefasst sein, dass in dieser Vorstufe der Ausbildung ganz unterschiedliche junge Menschen zusammenkommen. Positiv ausgedrückt: In diesen Bereichen ist Integration mehr als nur ein Wort. Vor allem für lernbehinderte Jugendliche gedacht sind:

- **Förderlehrgänge:** Sie sind an Rehabilitationseinrichtungen angegliedert. Vier verschiedene Formen (F1-F4) gibt es. Die Lehrgänge dauern zwischen sechs Monaten und drei Jahren und sie richten sich je nach Bedarf an Hilfe und Zeit an unterschiedliche Personen. In dieser Förder-Zeit soll jedenfalls in verschiedenen Berufsbereichen Grundwissen erworben werden.
- **tip-Lehrgang:** Die Abkürzung steht für „testen, informieren, probieren". Dabei sollen Jugendliche, die wegen ihrer Bildungslücken bisher keinen Ausbildungsplatz bekommen haben, gezielt interessiert und gefördert werden. Das Ganze dauert drei Monate und kann bei freien Bildungsträgern absolviert werden.
- **Grundausbildungslehrgang:** Unschlüssige Jugendliche, die noch keinen Ausbildungsplatz oder bereits eine Lehre abgebrochen haben, sollen maximal ein Jahr lang die Gelegenheit bekommen zu lernen. Freie Träger bieten diese zusätzliche Fördermöglichkeit.

- **Lehrgang zur Verbesserung beruflicher Bildungs- und Eingliederungschancen:** Jugendliche, die den psychischen und physischen Belastungen einer Ausbildung noch nicht gewachsen sind, soll hier die Chance geboten werden, sich zu stabilisieren. Ein Jahr lang bieten freie Träger die Möglichkeit, Defizite in Sprache oder Bildung wettzumachen. Ziel ist es, danach eine Ausbildung zu beginnen. In diesem Lehrgang werden aber auch Jugendliche gefördert, für die eine Ausbildung nicht in Betracht kommt.

Ausbildung in einer Reha-Einrichtung

Jugendliche mit einer Behinderung werden fast immer in einer Rehabilitationseinrichtung (z. B. Berufsbildungswerk, Berufsförderungswerk, Werkstätten für behinderte Menschen) oder bei einer anderen speziellen Bildungseinrichtung ausgebildet. Grund dafür: Hier werden die Auszubildenden pädagogisch, sozialpädagogisch, medizinisch und psychologisch begleitet. Natürlich ist es auch möglich, eine Lehrstelle auf dem freien Arbeitsmarkt anzunehmen, falls einem diese Chance geboten wird. Der Betrieb kann dann Förderungen durch die Agentur für Arbeit und/oder das Integrationsamt bekommen. Menschen mit schwereren Behinderungen können sich gegebenenfalls die Unterstützung durch einen Arbeitsassistenten genehmigen lassen.

Die Entscheidung, wer wo ausgebildet werden darf, trifft der jeweils zuständige Reha-Träger. Damit sind – in erster Instanz sozusagen – die Reha-Berater der Agentur für Arbeit gemeint. Wie bereits erwähnt, sollte schon im letzten Schuljahr der erste Kontakt zum zuständigen Berater aufgenommen werden, der dann mit Hilfe von Tests und Gesprächen mit den Jugendlichen, den Eltern oder auch den Lehrern eine Entscheidung fällt.

Grundsätzlich muss sichergestellt sein, dass die Jugendlichen ihre Fähigkeiten voll zum Einsatz bringen können. Deshalb sollte auch ein Ausbildungsplatz gesucht werden, der zum Auszubildenden passt. Jedenfalls gehört es zu den Rechten eines jungen Menschen mit Behinderung, adäquat ausgebildet zu werden und dieses Recht sollte man kennen und sich nicht mit Sparmaßnahmen oder der einfachsten Variante abspeisen lassen.

Üblicherweise werden Eltern und Schüler über den Reha-Betrieb informiert, der für die Berufsausbildung ausgesucht wurde. So hat man die Chance, sich den Betrieb oder das Bildungswerk anzuschauen und sich selbst ein Bild zu machen. Wer mit der Entscheidung nicht einverstanden ist, kann natürlich versuchen, mit dem zuständigen Mitarbeiter aus dem Reha-Team noch einmal Kontakt aufzunehmen, um vielleicht eine Änderung möglich zu machen. Denn bei der Auswahl des Ausbildungsortes bzw. des Bildungswerkes soll laut §9 des Sozialgesetzbuches IX das „Wunsch- und Wahlrecht des Betroffenen" beachtet werden – was natürlich nicht immer leicht zu bewerkstelligen ist. Täuscht sich jedoch einmal der zuständige Berater bei der Arbeitsagentur, dann sollten Eltern und junge Erwachsene ruhig nachfragen und ihre Argumente vorbringen, um die beste Lösung zu finden.

Danach erfolgt die förmliche Anmeldung des Auszubildenden.

> ***Gisela und Walter E.-F.:*** *„Jeder spricht von einer Schwelle, die ein junger Mensch überschreiten muss, wenn er nach der Schule eine Ausbildung beginnt. Wir fanden, es war weit mehr als eine Schwelle, es waren mindestens 1000 Schwellen! Dabei stellte sich im Nachhinein heraus, dass wir unsere Rechte überhaupt nicht kannten und wenn wir besser informiert gewesen wären, mancher Ärger hätte vermieden werden können."*

In einer Werkstatt für behinderte Menschen (WfbM) wird über das so genannte **Eingangsverfahren** und den **Berufsbildungsbereich (BBB)** angestrebt, die Berufsanfänger für eine Tätigkeit in der Werkstatt oder aber für den allgemeinen Arbeitsmarkt vorzubereiten.

Die Dauer des Eingangsverfahrens beträgt drei Monate. Dabei werden die Vorlieben und Fähigkeiten, aber auch die Probleme und Schwächen des Beschäftigten getestet, um ihn dann entsprechend fördern zu können. Der anschließende Berufsbildungsbereich gliedert sich in den Grund- und den Aufbaukurs und dauert zwei Jahre.

Die Auszubildenden werden hier in die Berufe eingeführt, die in dieser speziellen Werkstatt angeboten werden. Das können in jeder Werkstatt andere Berufe sein, denn alle Werkstätten versuchen, ihre Arbeit auch wirtschaftlich zu verwerten. Das heißt, sie müssen Auftraggeber finden, die ihnen ihre Produkte abkaufen bzw. Firmen, für die sie etwas anfertigen. Wer bestimmte Vorstellungen hat, was er machen möchte, sollte sich deshalb verschiedene Werkstätten und ihr Angebot anschauen, falls es überhaupt unterschiedliche gibt. Vor allem im ländlichen Raum gibt es oft nur eine Reha-Einrichtung, die in Frage kommt und wer da nicht arbeiten möchte, sollte zusätzlich mit diversen bürokratischen Hürden rechnen, die erst einmal überwunden werden müssen. Viele aktuelle Informationen bezüglich Ausbildung und Arbeit hat übrigens auch die „Bundesarbeitsgemeinschaft Werkstätten für behinderte Menschen“ zu bieten.

Für schwer behinderte Jugendliche, die nicht in einer Werkstatt beschäftigt werden können, gibt es die **Förderstätten**. Dorthin wird man entweder direkt von der Schule oder vom Berufsbildungsbereich aus vermittelt. In manchen schweren Fällen ist aber selbst das nicht möglich. Immer wieder kommt es vor, dass Eltern vor dem Problem stehen, dass ihre jungen Erwachsenen überhaupt keinen Arbeitsplatz in der Nähe finden. Eine Schwierigkeit, die für alle Beteiligten natürlich nicht erfreulich ist. In solchen Fällen müssen Eltern wirklich alle Register ziehen, um zusammen mit den Einrichtungen und den verantwortlichen Ämtern passable Lösungen zu finden. Sehr oft handelt es sich dabei dann um Einzelfall-Lösungen, die wir hier nicht aufführen können.

Ausbildung in einem Berufsbildungswerk

Für junge Leute mit Lernbehinderungen sowie für Körper- oder Sinnesbehinderte stellen die **Berufsbildungswerke** (BBW) eine Vielzahl von Ausbildungsplätzen in unterschiedlichen Berufen zur Verfügung. Ihr Angebot richtet sich zum größten Teil an Jugendliche mit Lernbehinderung – etwa 60 Prozent. Rund 30 Prozent der Ausbildungsplätze sind für Körperbehinderte gedacht und etwa zehn Prozent für Sinnesbehinderte. Aufgrund des steigenden Bedarfs verfügen außerdem 10 Prozent der Berufsbildungswerke auch über qualifizierte Förderkompetenzen für psychisch kranke Auszubildende.

Alle Berufsbildungswerke haben sich inzwischen zu einer Bundesarbeitsgemeinschaft zusammengeschlossen. Auf ihrer Webseite www.bagbbw.de informieren sie umfassend über die Ausbildungsangebote, die regionale Lage und die Ansprechpartner. Jede dieser Einrichtungen bietet auf bestimmte Behinderungen ausgerichtete Ausbildungsmöglichkeiten an. Dazu kommt eine entsprechende Begleitung durch medizinische, psychologische, sozial- und sonderpädagogische sowie therapeutische Fachdienste. Neben der praktischen Ausbildung findet in den dazugehörigen Berufsschulen Unterricht statt.

Für viele Jugendliche ist die Fahrt zu einer für sie passenden Ausbildung in einem Berufsbildungswerk allerdings zu weit. Aus diesem Grund bieten die meisten die Möglichkeit, in einem Internat zu wohnen. Neben der Berufsausbildung kann hier auch gleich selbstständiges Leben in einer Gemeinschaft geübt werden. Das integrierte Förderkonzept der Berufsbildungswerke hat sich für viele junge Erwachsene bereits bewährt. Sie haben individuelle Förderung erfahren, konnten ihre Fähigkeiten kennen lernen und qualifiziert werden.

> ***Rudi D.:** „Als wir für unseren Sohn einen Ausbildungsplatz suchten, sind wir an eine sehr kompetente Reha-Beraterin an unserem Arbeitsamt geraten. Sie hat uns klar und deutlich die Möglichkeiten aufgezeigt und für unseren Max genau den richtigen Ausbildungsplatz in einem Berufsbildungswerk herausgesucht. Jetzt lebt er schon ein Jahr dort im Internat, hat viele Freunde gefunden und ist im Rahmen seiner Sehbehinderung wirklich optimal gefördert worden."*

Neben den Berufsbildungswerken gibt es die **Berufsförderungswerke**. Ihr Angebot richtet sich an Erwachsene, die ihre bisherige Tätigkeit aufgrund einer Behinderung nicht mehr ausüben können und deshalb umschulen oder für eine neue Tätigkeit ausgebildet werden müssen. Auch hier geht es um die Vermittlung auf den freien Arbeitsmarkt und um dies zu erreichen, werden die Auszubildenden nebenher sozial, ärztlich und psychologisch begleitet. Enge Kontakte zu Betrieben sollen helfen, geeignete Arbeitsplätze zu finden.

Ausbildung in einem Integrationsbetrieb

Diese Betriebe zählen – rein rechtlich – zum allgemeinen Arbeitsmarkt. Das heißt: Sie sollten gewinnorientiert arbeiten, bekommen aber eine Reihe von Zuschüssen und Fördergeldern. Bedingung ist, dass im Betrieb oder in den einzelnen Abteilungen mindestens 25 bis 50 Prozent der Arbeitsplätze mit behinderten Menschen besetzt sind.

Da es sehr viele Unterschiede innerhalb der Integrationsbetriebe gibt und bisher auch keine allgemein gültige Regelung, was die Berufsausbildung betrifft, kann man nicht sagen, dass überall Schulabgänger ausgebildet werden. Es kommt zunächst darauf an, ob die Jugendlichen eine Hauptschule oder eine Förderschule besucht haben – dann müssten sie neben der Ausbildung üblicherweise eine Berufsschule besuchen. Das heißt: An eineinhalb Tagen in der Woche (kann auch wochenweise stattfinden) lernen sie dort neben dem Fachunterricht Rechnen, Deutsch und Sozialkunde.

Der Besuch einer normalen Berufsschule ist aber für Jugendliche mit Lern-, Sinnes- oder psychischen Behinderungen oft nicht so einfach möglich. Einige Integrationsfirmen haben deshalb mit Unterstützung ihrer Trägerorganisationen eigene Angebote entwickelt und in Abstimmung mit den Berufsschulen Unterrichtseinheiten aus dem Schulbetrieb herausgelöst und in den Betrieb verlagert. An manchen Berufsschulen wird auch ein zusätzlicher Förderunterricht für Jugendliche mit Lernschwierigkeiten angeboten. Er soll helfen, sich auf die Prüfung nach drei Jahren vorzubereiten.

Berufsstarter, die in einer Förderschule waren, haben bereits in der Werkstufe die Berufsschulpflicht erfüllt, können also nur ausgebildet bzw. angelernt werden, aber das ist für die Betriebe und auch für die Auszubildenden oft unbefriedigend. Einige Firmen haben aus diesem Grund so genannte Werker-Abschlüsse realisiert. Das heißt, sie bieten spezielle Abschlüsse für junge Leute mit Behinderung an, die auf die Fähigkeiten Rücksicht nehmen. Dabei sind allerdings meistens finanzielle Hilfen (z. B. aus Stiftungsgeldern oder von der Aktion Mensch) nötig, um einzelne Auszubildende speziell zu fördern. Wenn dann noch eine gewisse Offenheit der Industrie-, Handwerks- und Handelskammern da ist, können Integrationsbetriebe durchaus ungewöhnliche Wege gehen. Leider war und ist das keineswegs überall möglich!

Ein weiterer Punkt ist, was im Integrationsbetrieb hergestellt oder angeboten wird. So eignen sich manche Betriebe besser dafür, Menschen mit psychischen Behinderungen zu beschäftigen, andere lernen hauptsächlich Menschen mit geistigen, körperlichen oder Sinnesbehinderungen an.

Wer vorhat, in einem Integrationsbetrieb zu arbeiten, muss sich also vor Ort erkundigen, was dort gemacht wird, welche Ausbildungs-, Anlern- oder Arbeitsmöglichkeiten geboten werden und danach entscheiden, ob dieser Betrieb in Frage kommt.

Günter P., 22 Jahre alt, lernbehindert, arbeitet in einem Integrationsbetrieb: *„Ich kann richtig zupacken und da bin ich dann hier im Gebrauchtwarenhaus gelandet. Der Dieter hat mir gezeigt, wie man schwere Möbel richtig tragen muss und jetzt fahre ich mit ihm und manchmal auch noch einem anderen Kollegen durch die Stadt und hole die Möbel ab, die uns gespendet werden. Die richten wir dann wieder her und verkaufen sie günstig an Leute, die wenig Geld haben. Eine Ausbildung brauchte ich hier nicht, ich habe einfach gelernt, wie man mit den Sachen umgeht."*

Die Bundesarbeitsgemeinschaft Integrationsfirmen e. V. hat im Rahmen eines groß angelegten Projekts („500 neue Ausbildungsplätze für Jugendliche mit Schwerbehinderung in Integrationsfirmen“) festgestellt,

1. *dass in Integrationsbetrieben durchaus ausgebildet wird, und zwar dual – also eine Kombination aus Praxis und Berufsschule, dabei sind die meisten Auszubildenden Jugendliche mit Behinderungen – 29 Prozent davon geistig behindert,*
2. *dass die Ausbildung in Integrationsbetrieben im Verhältnis für die Agentur für Arbeit günstig ist, da bis auf Zuschüsse zur Ausbildungsvergütung keine öffentlichen Fördermittel gezahlt werden,*
3. *dass viele Betriebe, die bisher noch nicht ausbilden, dieses eigentlich gerne tun würden,*
4. *dass mangelnde finanzielle Fördermöglichkeiten der Grund dafür sind, dass immer noch viele Betriebe* nicht *ausbilden.*

Ausbildung auf dem freien Arbeitsmarkt

Es ist leider immer noch eine Ausnahme, aber es gibt sie, die Betriebe, die auch Auszubildende oder Mitarbeiter mit Behinderung anstellen. Die Tatsache, dass sich so wenige Betriebe in der Lage sehen, derartige Stellen zu vergeben, liegt zum einen sicher daran, dass viele Arbeitgeber gar nicht wissen, dass sie vom Reha-Team der Agentur für Arbeit Beratung und Unterstützung bekommen, wenn sie sich dazu entschließen einen Menschen mit Behinderung auszubilden oder zu beschäftigen. Zum anderen fehlt wohl bei Vielen einfach die Bereitschaft, sich überhaupt mit der Möglichkeit auseinanderzusetzen.

Frank-Jürgen Weise, Vorsitzender des Vorstandes der Bundesagentur für Arbeit: *„Obwohl unsere Gesellschaft immer toleranter wird, ist die Beschäftigung behinderter Menschen noch nicht selbstverständlich. Informationsdefizite, Vorbehalte und die angespannte wirtschaftliche Situation tragen dazu bei. Viele Arbeitgeber wissen nicht, welche Potenziale auf diese Weise ungenutzt bleiben. Denn häufig sind Menschen mit Behinderungen gut ausgebildet, in besonderer Weise motiviert und engagiert.“*

Wie aber sieht die Unterstützung für Arbeitgeber, die sich entschließen einen Menschen mit Behinderung zu beschäftigen, konkret aus?

Für die Ausbildung und Beschäftigung von behinderten Menschen können Arbeitgeber einerseits gezielte finanzielle Hilfen erhalten, aber auch Beratung und Unterstützung, was den Umgang mit dem behinderten Mitarbeiter angeht, wird angeboten. All das soll dazu beitragen, die Betriebe zu entlasten und die Integration sicherzustellen. Die wichtigsten Punkte dabei sind:

- Personalkosten: Hier können unterschiedliche Zuschüsse beantragt werden, die den Betrieben auch finanzielle Vorteile bringen.
- Arbeitshilfen im Betrieb: Technische Arbeitshilfen und die behinderungsgerechte Ausstattung eines Ausbildungs- oder Arbeitsplatzes werden finanziell bezuschusst. Die Hilfen müssen als notwendig anerkannt sein, damit eine Ausbildung, eine Weiterbildung oder die Aufnahme einer Beschäftigung möglich wird.

  Die so genannte Begleitende Hilfe im Arbeits- und Berufsleben unterstützt schwer behinderte Beschäftigte und ihre Arbeitgeber, wenn zum Beispiel Investitionen nötig sind bei der Schaffung neuer, zusätzlicher Arbeits- und Ausbildungsplätze.

  Außergewöhnliche Belastungen, die mit der Beschäftigung besonders betroffener schwer behinderter Menschen verbunden sind, werden ebenfalls finanziell ausgeglichen. Zuständig ist das Integrationsamt.
- Qualifizierung und Betreuung: Durch die Integrationsfachdienste kann – wenn nötig – eine Betreuung am Arbeitsplatz organisiert werden. Meist wird das von einem Arbeitsassistenten oder Job-Coach übernommen, der sich um die behinderten Auszubildenden oder Arbeitnehmer kümmert, falls ein besonderer Bedarf an Arbeitsbegleitender Betreuung nötig ist. Aufgabe der Begleiter ist unter anderem, die Einarbeitung des Angestellten durch ein Arbeitsbegleitendes Training zu unterstützen ebenso die psychosoziale Betreuung. Auch Menschen, die von einer Werkstatt für behinderte Mitarbeiter auf den allgemeinen Arbeitsmarkt wechseln, werden vom Integrationsfachdienst und den dort beschäftigten Arbeitsassistenten betreut. Das gilt übrigens auch dann, wenn ein Übergang von einer Aus- oder Weiterbildung in ein Beschäftigungsverhältnis ansteht und dafür eine Betreuung nötig ist.

Zuständig dafür sind in allen Fällen die Arbeitsagenturen und die Integrationsämter.

Wo gibt es Arbeitsplätze?

Nach einer Ausbildung steht die Suche nach einem Arbeitsplatz an. Nicht immer kann man dabei erhoffen, den gewünschten auch zu finden. Viele Betriebe bilden aus, können aber niemanden übernehmen. Keine Frage, junge Menschen mit leichteren Behinderungen haben Schwierigkeiten auf dem freien Arbeitsmarkt unterzukommen. Allerdings wäre eine Tätigkeit in einer Werkstatt für behinderte Menschen vielleicht auch nicht das Richtige für sie und Integrationsbetriebe gibt es immer noch viel zu selten. Um die ideale Stelle zu finden, ist jedenfalls eine Menge Fingerspitzengefühl, Glück und auch Sinn für Realitäten nötig. So kann es z. B. richtig sein, erst einmal eine angebotene Stelle anzunehmen, auch wenn sie nicht ganz genau passt. Wer bereits gearbeitet hat, tut sich leichter zu wechseln. Eine andere Möglichkeit ist, sich weiter zu qualifizieren. Auch das Umsatteln ist manchmal eine Möglichkeit. Den ultimativen Rat kann jedoch niemand geben!

Menschen mit schwereren Behinderungen haben es dagegen vergleichsweise leicht. Sie finden normalerweise einen Arbeitsplatz in einer Werkstatt oder einer Förderstätte, denn diese übernehmen die Berufsanfänger, falls sich herausgestellt hat, dass sie nicht fit genug für den freien Arbeitsmarkt sind. Voraussetzung ist nur, dass es genügend Arbeitsplätze gibt und das kann natürlich niemand garantieren!

Findet ein Jugendlicher mit Behinderung in einer Werkstatt oder einer Förderstätte keinen Platz, kann das im Einzelfall tragisch sein, denn dann sind wieder die Eltern am Zuge. Sie müssen sich letztlich um eine Stelle kümmern und so kommt es immer wieder vor, dass manche Familien ihre Angehörigen zu Hause betreuen, weil der Werkstattplatz fehlt oder weil sie meinen, dass der Arbeitsplatz für ihren Sohn oder die Tochter nicht der Richtige ist.

Um herauszufinden, welche Arbeit zu welchem Jugendlichen passt, gibt es inzwischen unterschiedliche Möglichkeiten. So ist es in der freien Wirtschaft längst üblich, für bestimmte Stellen und die entsprechenden Bewerber so genannte **Anforderungs-, bzw. Fähigkeitsprofile** zu erstellen. Auf diese Weise hofft man, gezielt Arbeitnehmer und Arbeitsplatz zusammenzubringen. Im Prinzip gilt das natürlich auch für einen Menschen mit Behinderung. Schließlich ist es in diesen Fällen immer besonders schwierig, passende Stellen zu finden – das wissen alle Beteiligten. Umso erstaunlicher ist, dass man in Deutschland vergleichsweise selten versucht, die jungen Arbeitnehmer gezielt an Stellen zu vermitteln, die ihren Fähigkeiten und Kenntnissen entsprechen. Um allerdings jemanden platzieren zu können, muss man sehr genau die Fähigkeiten und Möglichkeiten des Arbeitsplatzsuchenden kennen. Diese Überlegung war auch die Vorgabe für die Entwicklung eines speziellen Instruments mit dessen Hilfe Anforderungs- bzw. Fähigkeitsprofile speziell für Menschen mit Behinderung erstellt werden können. Ein Forschungsprojekt wurde ins Leben gerufen, aus dem schließlich Ende der 80er Jahre das so genannte MELBA-System (Merkmalprofile zur Eingliederung Leistungsgewandelter und Behinderter in Arbeit) entwickelt wurde.

Dieses Verfahren nutzt insgesamt 29 Merkmale zur Beschreibung einer Tätigkeit bzw. zur Beschreibung von Arbeitsfähigkeiten. Dabei handelt es sich jeweils um Schlüsselqualifikationen, die ganz genau die Anforderungen beschreiben, die für eine bestimmte Tätigkeit vorhanden sein sollten. In einem zweiten Verfahren werden dann ebenso genau die Fähigkeiten der betreffenden Person erfasst. Sind die beiden Profile erfasst, verknüpft man die Anforderungen mit den Fähigkeiten und so lässt sich oft recht gut herausfinden, ob ein Arbeitnehmer zur angestrebten Tätigkeit passt oder nicht.

Natürlich sollten nur geschulte Personen oder Psychologen Tests dieser Art durchführen. Dennoch wäre es sicher wünschenswert, dass häufiger gezielt nach Arbeitsplätzen gesucht wird und man nicht froh sein muss, überhaupt irgendetwas zu finden.

Fragen Sie deshalb ruhig mal nach, ob man bei der Agentur für Arbeit oder in der Werkstatt für behinderte Menschen das MELBA-System kennt und ob jemand es auch anwenden kann.

Arbeiten in der Werkstatt für behinderte Menschen (WfbM)

Als man nach dem Zweiten Weltkrieg daranging, auch Menschen mit Behinderung wieder ihren Platz in der Gemeinschaft zu geben, dachte man zunächst nur an die Kinder. Es wurden Kindergärten und Schulen geschaffen, die Eltern waren froh, dass es eine wohnortnahe Förderung gab und sie ihre Kinder zu Hause behalten konnten.

Bald aber wurde allen Beteiligten klar, dass es damit nicht getan war. Es erfolgten die ersten Werkstattgründungen. Das hört sich so leicht an, aber eigentlich war es überhaupt nicht einfach. Es ging ja nicht um provisorische Lösungen, abhängig vom guten Willen Einzelner, sondern es ging um Rechte, die finanziell und juristisch abgesichert waren.

Am Beispiel der Lebenshilfe ist dieser Weg sehr schön nachvollziehbar. Der erste Zusammenschluss von Eltern und Professionellen (1958) gab sich den Namen „Lebenshilfe für das behinderte Kind“. Man änderte es später in „Lebenshilfe für geistig Behinderte.“ Heute heißt die Bundesvereinigung „Lebenshilfe für Menschen mit geistiger Behinderung“, viele Ortsverbände allerdings haben – im Gedanken an Integration – auch das „geistig Behinderte“ inzwischen gestrichen.

Es war ein großer Erfolg, als die ersten Werkstätten eröffnet wurden und damit Arbeitsplätze für junge Behinderte zur Verfügung standen. Soziale Absicherung, Rentenansprüche wurden garantiert und es erfüllte die Eltern und die behinderten Erwachsenen mit Stolz, ein produktiver Teil der Gesellschaft zu sein, Werte zu schaffen. Auch heute noch besucht der überwiegende Teil der Erwachsenen mit einer geistigen Behinderung eine „beschützende Werkstatt“, wie sie früher genannt wurde.

> **Franz W.:** *„Ich kann mich noch gut daran erinnern, mit welcher Begeisterung Dieter auf jeden vorbeifahrenden BMW deutete und immer wieder rief: Ich gemacht.“*
>
> **Manuela J.:** *„Ich habe mir nie vorstellen können, dass Janine mal in einer Werkstatt arbeitet. Mir kam das immer vor wie ein großer Industriebetrieb mit Schmutz und Lärm und vielen Leuten. Wir haben immer viel mit Janine gemacht – in kreativer Hinsicht meine ich. Ich fand, dass diese Art der Arbeit wirklich nicht zu ihr passte. Wie öfter im Leben musste ich meine Vorstellungen revidieren. Janine macht das, was sie am meisten liebt, nämlich sortieren und verpacken. Das macht sie auch in der Freizeit zu Hause. Sie ist da fast zwanghaft, räumt alles immer wieder auf und kann zum Beispiel stundenlang ihre Stifte nach Größe ordnen oder eine ganze Seite im Heft mit einer einzigen Zahl füllen. Sie findet, dass sie ihre Arbeit toll macht und ist sehr stolz auf sich.“*

Bei den Werkstätten handelt es sich um eine Einrichtung zur „Teilhabe behinderter Menschen am Arbeitsleben“ und zur „Eingliederung in das Arbeitsleben“. Für Menschen, die wegen ihrer Behinderung nicht oder noch nicht am freien Arbeitsmarkt tätig sein können, soll die Werkstatt Arbeitsplätze bieten, an denen eine „wirtschaftlich verwertbare Leistung“ erbracht werden kann.

Festgelegt sind alle wichtigen Details dazu in der Werkstättenverordnung.

Zum Thema Arbeitszeit steht da z. B. im § 6:
„Die Werkstatt hat sicherzustellen, dass die behinderten Menschen im Berufsbildungs- und Arbeitsbereich wenigstens 35 und höchstens 40 Stunden wöchentlich beschäftigt werden können. Die Stundenzahlen umfassen Erholungspausen und Zeiten der Teilnahme an Maßnahmen im Sinne des § 5 Abs. 3. Einzelnen behinderten Menschen ist eine kürzere Beschäftigungszeit zu ermöglichen, wenn es wegen Art oder Schwere der Behinderung oder zur Erfüllung des Erziehungsauftrages notwendig erscheint."

Auch die Größe und bauliche Gestaltung der Werkstatt ist festgelegt: Sie soll über mindestens 120 Plätze verfügen und unter anderem so liegen, dass die Behinderten mit öffentlichen oder sonstigen Verkehrsmitteln in zumutbarer Zeit zur Arbeit kommen können. Für diejenigen, die das nicht alleine schaffen, muss die Werkstatt zusammen mit den Sozialleistungsträgern einen Fahrdienst organisieren.

> ***Inge Sch.:*** *„Eigentlich wollte ich das erst nicht, aber nach einem gezielten Training hat Andi gelernt, alleine in die Werkstatt zu fahren. Ich bin immer noch ziemlich angespannt wenn ich weiß, dass er unterwegs ist. Aber er findet es einfach toll."*

Nach Eingangsverfahren und Berufsbildungsbereich wird der Erwachsene in den so genannten Kernbereich der Werkstatt aufgenommen. Dabei regelt ein Vertrag das arbeitnehmerähnliche Rechtsverhältnis. Inhalt des Vertrags sind Regelungen, die Arbeitszeit, Urlaub, Entgeltzahlungen und anderes mehr festlegen.

Angeleitet bzw. eingearbeitet werden die Menschen mit Behinderung in der Werkstatt von Facharbeitern, Gesellen oder Meistern, die mindestens eine zweijährige Berufserfahrung in der Industrie oder im Handwerk haben. Sie müssen zusätzlich pädagogisch geschult sein und über eine sonderpädagogische Zusatzqualifikation verfügen (Arbeitserzieher). Aber auch Fachleute aus anderen pädagogischen oder sozialen Berufen sind in einer Werkstatt vertreten, wenn die sonstigen Kenntnisse und Fähigkeiten anderweitig erworben wurden.

Die Zahl der nicht behinderten Mitarbeiter in einer Werkstatt hängt davon ab; wie viele behinderte Arbeitnehmer zu betreuen sind, wie intensiv die einzelnen betreut werden müssen, welche Art Beschäftigung ausgeführt wird und wie die technische Ausstattung des

Arbeitsbereichs ist. Als Richtlinie wird das Zahlenverhältnis 1:6 im Berufsbildungsbereich und 1:12 im Arbeitsbereich für sinnvoll erachtet.

§ 9 Werkstättenverordnung Abs. 2: „Der Werkstattleiter soll in der Regel über einen Fachhochschulabschluss im kaufmännischen oder technischen Bereich oder einen gleichwertigen Bildungsstand, über ausreichende Berufserfahrung und eine sonderpädagogische Zusatzqualifikation verfügen. Entsprechende Berufsqualifikationen aus dem sozialen Bereich reichen aus, wenn die zur Leitung einer Werkstatt erforderlichen Kenntnisse und Fähigkeiten im kaufmännischen und technischen Bereich anderweitig erworben worden sind. Die sonderpädagogische Zusatzqualifikation kann in angemessener Zeit durch Teilnahme geeigneter Fortbildungsmaßnahmen nachgeholt werden."

Eine Werkstatt muss grundsätzlich betriebswirtschaftlich organisiert sein, das heißt für die Leitung: Der Betrieb muss auch entsprechend kaufmännisch geführt werden. Dazu gehört Buchführung, Betriebsabrechnung, ein Jahresabschluss und die Ermittlung des Arbeitsergebnisses. Dieses ist schon deshalb wichtig, weil an die Arbeitnehmer in der Werkstatt Gewinne (falls welche erwirtschaftet werden) ausgezahlt werden sollten. Dies ist allerdings Vereinbarungssache, da man auch das erwirtschaftete Geld wieder investieren kann oder Rücklagen gebildet werden müssen, damit in weniger erfolgreichen Jahren trotzdem ein Arbeitsentgelt an die Arbeitnehmer gezahlt werden kann. Was mit dem Arbeitergebnis passieren soll, entscheidet die Betriebsleitung zusammen mit den Werkstatträten.

Die Erträge aus der Arbeit einer Werkstatt setzen sich zusammen aus den Umsatzerlösen, Zins- und sonstigen Erträgen und den von den Sozialleistungsträgern erbrachten Kostensätzen.

Ernst genommen wird in den Werkstätten für behinderte Menschen auch die Mitwirkung. Das bedeutet: Beschäftigte, Eltern, Fachkräfte und Geschäftsführer müssen immer wieder zusammenkommen und Beschlüsse gemeinsam fassen – so sieht es die Werkstättenmitwirkungsverordnung (WMVO) jedenfalls vor.

> ***Gabi F.:** „Bei uns müssen sieben Werkstatträte gewählt werden. Es gibt 24 Kandidaten. Wer gewählt werden will, meldet sich beim Sozialdienst an. Dort wird man fotografiert und die Fotos werden im Gang der Kantine ausgestellt. Dann gibt es eine Versammlung. Wir gehen alle in die Kantine, da gibt es was zum Trinken. Dann stellen sich die Kandidaten vor – mit Namen und wo sie arbeiten. Dann sagen sie, was sie tun, wenn sie gewählt sind. Das Wählen ist freiwillig – jeder bekommt sieben Punkte und einen Bogen mit den Bildern und Namen. Wir dürfen bis zu sieben Punkte auf das Foto des Kandidaten kleben. Dann wird der Zettel gefaltet und in die Urne getragen. Die Wahl ist geheim. Die Zettel werden gezählt und sieben Werkstatträte sind für vier Jahre gewählt."*

Natürlich müssen viele der behinderten Werkstatträte unterstützt werden. Das heißt vor allem bei geistig Behinderten, dass ihnen jemand zur Seite steht, der eventuell komplizierte Zusammenhänge erklärt. Dazu eignen sich hauptamtliche Mitarbeiter, die als Vertrauenspersonen immer wieder Gruppengespräche führen und die Werkstatträte bei diesen Zusammenkünften beraten.

Zusammenfassend kann man sagen, dass es immer das Ziel sein muss, die Arbeitnehmer – wenn möglich – fit für den freien Arbeitsmarkt zu machen. Aus diesem Grund werden in jeder Werkstatt Arbeitsbegleitende Maßnahmen angeboten. Dabei handelt es sich zum Beispiel um:

- Angebote zur beruflichen Bildung (z. B. EDV-Kurse, Lesen, Schreiben, Rechnen)
- Arbeits- und Beschäftigungstherapie
- entlastende Angebote für ältere Menschen
- Krankengymnastik
- Sport oder künstlerische Tätigkeiten
- Angebote durch den pflegerischen und betriebsärztlichen Dienst, den psychologischen Dienst und den Sozialdienst.

Außerdem wird für jeden einzelnen Mitarbeiter ein Förderplan erstellt, der immer wieder aktualisiert wird, so dass man Fortschritte, aber auch Schwierigkeiten genau dokumentieren kann.

Da trotz aller Bemühungen das Überwechseln von Werkstattmitarbeitern in den freien Arbeitsmarkt eher selten gelingt und die Entgelte auch noch immer nur einen geringen Teil dessen betragen, was nicht behinderte Arbeitnehmer bekommen, versuchen manche Bundesländer jetzt neue Wege zu gehen. Sie haben so genannte „Außenarbeitsplätze“ geschaffen. Es handelt sich dabei um die Möglichkeit, in einem privatwirtschaftlichen Unternehmen zu arbeiten, ohne den Status eines Werkstattbeschäftigten zu verlieren. Das große Plus für die Arbeitnehmer dabei ist, dass sie wesentlich mehr Tätigkeiten ausüben können, mehr verdienen und in einen normalen Arbeitsalltag integriert werden. Für die Werkstätten haben Außenarbeitsplätze den Vorteil, dass sie den Arbeitplatz nicht ausstatten müssen und der Übergang in den freien Arbeitsmarkt erst einmal erprobt werden kann, ohne dass der Beschäftigte gleich völlig in die Selbstständigkeit entlassen werden muss. Und auch das privatwirtschaftliche Unternehmen kann von dieser Situation profitieren, denn der Arbeitnehmer gehört ja weiterhin zur Werkstatt, was vor allem dann wichtig ist, wenn es Probleme gibt.

Leider hat sich dieses Modell noch nicht überall durchgesetzt. Es könnte allerdings für die Zukunft ein wichtiges Element werden, weil man auch in der Beschäftigung von Menschen mit Behinderung dringend neue Wege suchen und differenziertere Angebote machen muss.

Arbeiten in Tagesförderstätten, Förderstätten, Fördergruppen

Menschen, die aufgrund ihrer schweren Behinderung auf längere Sicht gesehen nicht in der Lage sind in einer Werkstatt zu arbeiten, haben im Prinzip die Möglichkeit, eine Tagesförderstätte zu besuchen. Dort werden anhand der Fähigkeiten, Fertigkeiten, Interessen, der körperlichen, geistigen und sozialen Belastbarkeit des behinderten Menschen die Schwerpunkte der Förderung definiert und individuelle Förderpläne erstellt. Im Alltag bedeutet dies, dass auch hier im klassischen Sinn gearbeitet wird und nicht nur – wie viele denken – „gebastelt“. Es gibt Förderstätten, die durchaus hochwertige Produkte herstellen und diese dann auch verkaufen. Natürlich ist es dafür nötig, die Arbeitsschritte so einzuteilen, dass auch schwer behinderte Menschen einen bestimmten Ablauf durchhalten und bewerkstelligen können.

Außerdem sorgen überschaubare und gleich bleibende Tagesstrukturen und -inhalte dafür, dass der Alltag interessant und anregend ist. Individuelle Fördermaßnahmen helfen den Förderstätten-Besuchern immer wieder etwas Neues zu lernen und in lebenspraktischen Dingen möglichst selbstständig zu werden.

Selbstverständlich wollen und sollten auch Menschen mit schweren Behinderungen etwas Sinnvolles tun! Mit Fantasie und Energie haben die jeweiligen Träger Tätigkeiten gefunden, die genau das möglich machen. Voraussetzung dafür war und ist allerdings noch heute eine Öffnung der Förderstätten. Unter anderem bedeutet das: Kontakte knüpfen zur Wirtschaft, mögliche Arbeitgeber ansprechen und von der Qualität der Arbeit überzeugen, zuverlässig Aufträge abwickeln und Ähnliches mehr.

Vielen Menschen fällt es eher schwer, die innere Schwelle zu überwinden und eine Förderstätte zu besichtigen. Vor allem Eltern haben damit Probleme, denn für sie hört sich „Förderstätte“ so an wie „Endstation“. Doch diese Angst ist unbegründet. Im Gegenteil. Gerade in Förderstätten werden Menschen mit einer Behinderung sehr gezielt gefördert. Hier können sie neue Fähigkeiten erwerben und diese dann auch einsetzen. Manche der jungen Menschen mit Behinderung fühlen sich erst in diesem Umfeld richtig wohl, weil ihr Können unter solchen Bedingungen richtig eingeschätzt wird. Also, nur Mut! Gehen Sie in eine Förderstätte in Ihrer Nähe, wenn dort z. B. ein Tag der Offenen Tür angeboten wird. Oder machen Sie einen Termin aus, die Mitarbeiter zeigen Ihnen sicher gerne einmal ihre Einrichtung.

> ***Cordula Z., Mitarbeiterin in einer Förderwerkstatt:*** *„Ich habe Heilpädagogik studiert, dachte aber eher daran, in einer Schule für Lernbehinderte Kinder zu arbeiten. Irgendwie bin ich dann mal mit einer Bekannten in das öffentliche Café der Förderstätte in unserer Stadt gegangen und war begeistert. So eine gemütliche Atmosphäre war das hier. Neugierig geworden, besuchte ich die Werkstatt am Tag der Offenen Tür. Da wurde mir klar, dass es mir da gefallen könnte. Nicht lange danach las ich eine Anzeige in unserem Fachblatt, in der eine Heilpädagogin gesucht wurde. Ich habe mich sofort gemeldet und arbeite nun schon seit zwei Jahren hier!“*

Die Maßnahmen in der Förderstätte haben das Ziel, die Menschen mit Behinderung so weit zu fördern, dass sie ein Leben in der Gemeinschaft führen und eventuell sogar einmal in einer Werkstatt arbeiten können. Aus diesen Gründen sind die Förderstätten organisatorisch und gelegentlich auch räumlich an die Werkstätten für behinderte Menschen angegliedert. Die Aufnahme in eine Fördergruppe innerhalb einer Werkstatt oder in eine gesonderte Förderstätte erfolgt auf

Antrag des behinderten Arbeitsuchenden bzw. seines gesetzlichen Vertreters beim zuständigen Träger der Sozialhilfe. Eine Empfehlung der bisher besuchten Schule oder Einrichtung ist dabei sinnvoll.

Wer in eine Förderstätte geht, wird üblicherweise „Besucher" genannt. Damit soll deutlich werden, dass es sich hier eben nicht um Mitarbeiter in einer Werkstatt handelt, die bestimmte Rechte und Pflichten haben. „Besuchern" aber werden diese Fördermaßnahmen im Prinzip nur so lange genehmigt bis sie fit genug sind, in einer Werkstatt zu arbeiten.

In einer Förderstätte arbeiten vor allem Heilpädagogen und Sonderpädagogen, aber auch Heilerziehungspfleger, Krankenschwestern und -pfleger, Krankengymnasten, Psychologen, Sozialpädagogen, Ergotherapeuten, Musiktherapeuten, Logopäden und manchmal auch Handwerker mit einer pädagogischen Zusatzausbildung. Besucher einer Förderstätte haben keinen arbeitnehmerähnlichen Status. Das heißt z. B., dass sie weiterhin über die Eltern krankenversichert sein müssen. Falls das nicht über die Eltern möglich ist, übernimmt das Sozialamt die Beiträge.

Arbeiten im Integrationsbetrieb

Was die Arbeit angeht, kommt es in den einzelnen Integrationsbetrieben auf verschiedene Fragen an. Zum Beispiel: Wie groß oder wie klein ist der Betrieb? Wie viele Angestellte mit Behinderung arbeiten hier? Wie viele nicht behinderte Mitarbeiter gibt es? Welche unterstützenden Maßnahmen werden angeboten? Grundsätzlich unterliegen Integrationsbetriebe den Gepflogenheiten, aber auch den Fördermöglichkeiten, der freien Wirtschaft.

Für Eltern von jungen Menschen mit Behinderung klingt es immer sehr attraktiv, eine Arbeit in einem Integrationsbetrieb zu bekommen. Doch man sollte trotzdem genau hinschauen, denn nicht jeder eignet sich dafür. Überforderung kann genauso zu Problemen führen wie eine unbefriedigende Arbeitsatmosphäre oder eine Tätigkeit, die einem nicht liegt.

> ***Jochen und Gudrun Sch.:** „Tobias hat das Down-Syndrom. Er wollte unbedingt beim Recycling-Team in einem Integrationsbetrieb in unserer Stadt mitarbeiten. Er bekam dann auch die Praktikumsstelle und später einen Arbeitsplatz. Doch wir sind nicht zufrieden, denn Tobias musste sehr viel arbeiten und war immer total kaputt am Abend.*

Ohne mit uns zu sprechen, verkürzte man seine Arbeitszeit auf einen halben Tag, was ja in Ordnung wäre, aber jetzt verdient er natürlich auch nur noch halb so viel. Wir sind uns jetzt gar nicht mehr so sicher, ob es richtig war, ihn hier arbeiten zu lassen."

Martha S. ist psychisch behindert und arbeitet in einem integrativ geführten Hotelbetrieb: *„Die konstante Tagesstruktur ist mir besonders wichtig und ich mag es, körperlich und geistig gefordert zu werden. Der geschützte Rahmen im Hotel gibt mir auch in Krisensituationen Sicherheit. Der Druck, den Arbeitsplatz zu verlieren ist geringer als in anderen Betrieben. Aufgrund der Tagesstruktur, die mir die Arbeit bietet, bin ich ausgeglichener, Ich habe schon viel dazugelernt und bin selbstständiger geworden."*

In Deutschland gibt es inzwischen eine ganze Reihe von Integrationsbetrieben und viele arbeiten recht erfolgreich. Dabei sind die Sparten recht unterschiedlich. Hier ein paar Beispiele: Hotels und Gaststätten, Umwelt- und Recyclingteams, Büro- und Druckereidienstleistungen, Lebensmittelmärkte, Weinanbau, Zoobetrieb oder Reitschule und vieles andere mehr.

Arbeiten in der freien Wirtschaft

Als Eltern oder Angehörige eines Menschen mit Behinderung kann man natürlich auch Türen aufstoßen. Trauen Sie sich, fragen Sie nach in der Nachbarschaft, bei Freunden und Bekannten und falls Sie selbst einen Betrieb haben, könnte es vielleicht auch für Sie interessant sein, wie man vorgehen muss, wenn man einen Menschen mit einer Behinderung ausbilden oder beschäftigen möchte:

1. Kontakt mit dem Reha-Team der Arbeitsagentur aufnehmen und einen Beratungstermin vereinbaren.
2. Anforderungen und Einsatzmöglichkeiten klären: Zum Beispiel Einsatzmöglichkeiten, geforderte Qualifikation, körperliche Voraussetzungen, technische Arbeitshilfen, finanzielle Förderung besprechen.
3. Das Reha-Team unterbreitet dem Arbeitgeber dann passende Vermittlungsvorschläge – und einen Eingliederungsplan mit al-

lem, was im Einzelfall erforderlich ist: Ausstattung des Arbeitsplatzes, technische Hilfen, finanzielle Förderung.

4. Förderung beantragen: Falls zur Integration eine Förderung benötigt wird, hilft das Reha-Team bei der Antragstellung und sorgt für eine professionelle Abwicklung.
5. Bewerberinnen und Bewerber testen, ob sie wirklich geeignet sind. Dabei besteht die Möglichkeit zu einem Praktikum, einem befristeten Arbeitsverhältnis oder einer Probebeschäftigung.
6. Arbeitsplatz realisieren: Die Agentur für Arbeit stellt die Fördermittel bereit und hilft bei der Realisierung. Falls notwendig, ist zur Einarbeitung eine begleitende Betreuung möglich.

Wer sich für einen bestimmten Arbeitsplatz interessiert, kann sich als Mensch mit einer Behinderung natürlich direkt bei den betreffenden Betrieben bewerben. An dieser Stelle muss allerdings auch eine Warnung ausgesprochen werden. Achten Sie als Eltern darauf, dass für den jungen Arbeitnehmer auf alle Fälle Sozialabgaben bezahlt werden! Gerade in den weniger qualifizierten Berufen kommt es immer wieder vor, dass billige Arbeitskräfte stundenweise angestellt werden. Dann muss man zumindest wissen, dass der Arbeitnehmer weder kranken-, renten- oder pflegeversichert ist. Dieses muss man dann privat abdecken. Auch der Schutz vor Arbeitslosigkeit ist natürlich nur im ganz normalen Umfang gegeben. Das heißt: Wer seine Arbeit verliert, bekommt Arbeitslosengeld und später Hartz IV – wie alle anderen Arbeitslosen auch.

Die Agentur für Arbeit kennt normalerweise die Stellen auf dem freien Arbeitsmarkt, die mit Behinderten besetzt werden und vermittelt passende Kandidaten.

Es gehört natürlich schon ein bisschen Mut und Kraft dazu, sich im Arbeitsleben zu behaupten, wenn man es eher gewohnt war, behütet und umsorgt zu werden. Doch viele Menschen zeigen ungeahnte Fähigkeiten, wenn sie plötzlich gefordert werden. Andere finden freundliche Kollegen und Ansprechpartner, die weiterhelfen, wenn es mal schwierig wird.

Es ist einfach unmöglich, eine allgemein gültige Empfehlung zu geben.

Nicole B. ist stark hörbehindert und Hans-Peter M. hat eine Lernbehinderung. Beide arbeiten seit vielen Jahren in der Poststelle eines großen Unternehmens: *„Wir sind die einzigen so genannten Schwerbehinderten hier im Betrieb. Das war am Anfang nicht ganz einfach. Erst hat das Arbeitsamt für Nicole diese Stelle gefunden und zwei Jahre später bin ich dann dazu gekommen. Wir wurden angelernt und manchmal war auch eine Arbeitsassistentin dabei. Sie hat uns genau erklärt was man machen muss. Aber manchmal ändert sich was im Ablauf und dann ist es schwierig, bis man wieder normal weiter machen kann. Trotzdem sind wir beide froh, hier zu sein. Wir haben Kollegen, die immer mal fragen, wie es geht und mit denen wir Brotzeit machen."*

Hans-Peter R., geistig behindert, arbeitet mit einem Hausmeister zusammen in einem großen Gebäude einer Versicherung: *„Ich mag hier arbeiten, auch wenn es manchmal anstrengend ist. Mein Chef ist sehr nett. Vorher hatte ich einen, der war gar nicht nett. Er hat immer geschimpft, weil ich so langsam bin. Ich habe Angst davor, Fehler zu machen und dass mein Chef mal in Rente geht. Aber ich gehe dann vielleicht auch in Rente. Bin ja schon 58 Jahr alt."*

Eine große Sorge von Eltern – manchmal auch zu Recht – ist, dass Menschen mit Behinderung in einem nicht geschützten Rahmen wie ihn die Werkstatt für Behinderte bietet, von ihren Kollegen diskriminiert, gehänselt und ausgeschlossen werden. Diese Ängste sind natürlich verständlich und manchmal hört man ja tatsächlich ungute Geschichten. Doch von vorneherein einen solchen Arbeitsplatz abzulehnen, nur weil vielleicht schwierige Situationen auf den Menschen mit Behinderung zukommen könnten, wäre sicherlich übervorsichtig. Besser ist es, immer wieder genau hinzuhören: Was erzählt der Sohn? Wie reagiert die Tochter? Geht er oder sie gerne zur Arbeit? Wenn das nicht der Fall ist, der Betroffene Auffälligkeiten zeigt oder sich irgendwie verändert, dann darf man selbstverständlich auch einmal im Betrieb nachfragen. Ansprechpartner sind sicherlich zunächst einmal die Arbeitsassistenten. Falls ein Gespräch mit ihnen nichts ergibt oder gar kein Arbeitsassistent eingeschaltet ist, muss man mit dem zuständigen Mitarbeiter oder Vorgesetzten versuchen die Ursachen herauszufinden. Oft sind es Kleinigkeiten, die Unstimmigkeiten verursachen. Sollte sich die Stimmung nicht bessern oder sowieso eher ablehnend sein, dann wäre es sicher ratsam, für den behinderten Arbeitnehmer eine andere Stelle zu suchen.

Aus- und Weiterbildung

Möchte sich ein behinderter Arbeitnehmer qualifizieren, um für die speziellen Bedürfnisse eines Betriebes fit zu werden, dann wird diese Aus- und Weiterbildung gefördert, zum Beispiel in Form von Ausbildungszuschüssen bei einer betrieblichen Berufsausbildung, Einstellungszuschüssen für eine Vertretung am Arbeitsplatz während der Weiterbildung eines behinderten Mitarbeiters.

Auch für Menschen mit Behinderung, die in einer Werkstatt arbeiten, gibt es spezielle Fortbildungsangebote. Da diese aber überall anders heißen und von unterschiedlichen Vereinen oder privaten sowie öffentlichen Trägern wie z. B. der Volkshochschule angeboten werden, kann man nur raten, sich in der eigenen Stadt umzuhören. Die Werkstätten, aber auch Vereine wie die „Lebenshilfe e. V.", die Diakonie oder die Caritas können weiterhelfen.

Lust und Frust am Arbeitsplatz

Die Umstellung auf das Leben als Erwachsener, als Erwerbstätiger, beinhaltet nicht nur bürokratische Hürden und neue Alltagsstrukturen. Natürlich kann in einer Werkstatt oder einem Integrationsbetrieb nicht die gleiche Art von Miteinander herrschen wie in der Schule. Die Rücksichtnahme auf den einzelnen Mitarbeiter muss manchmal zurückstehen, wenn es um die Produktion, um den reibungslosen Ablauf der Arbeit geht. Auch hier müssen wir Eltern lernen, uns zurückzunehmen und zu akzeptieren, dass unser „Kind" jetzt erwachsen ist.

> ***Claus M.:*** *„Ich war schon überrascht, wie die Meister mit ihren Leuten reden. Es war der gleiche Ton wie bei mir im Betrieb: rau aber herzlich, wie man so sagt."*

Die meisten Erwachsenen mit Behinderung arbeiten gern, wenn sie einen Platz gefunden haben, den sie ausfüllen können. Aber natürlich ist die Lust nicht jeden Tag gleich groß. Was tun, wenn sich der Sohn weigert, aufzustehen und in die Werkstatt zu gehen? Menschen mit Behinderung sind da unter Umständen ebenso erfinderisch wie alle anderen auch.

> ***Cinzia S.:*** *„Komischerweise bekam Giulia immer am Sonntagabend Bauchschmerzen. Beim ersten Mal habe ich ihr geglaubt, aber dann war mir klar, was los war. Ich habe ihr einen Tee gekocht, aber klar ge-*

> *sagt, dass der Tee helfen muss. Sonst würde ich mit ihr zum Arzt gehen und sie müsste im Bett liegen. Und das Fernsehen am Sonntag könnte sie dann auch vergessen. Das gefiel ihr ganz und gar nicht. Also ist sie dann doch lieber aufgestanden."*

Sollte die Verweigerung klar zu durchschauen sein und mit fadenscheinigen Vorwänden begründet, kann man sicher keine Rücksicht darauf nehmen. Auch andere Erwachsene müssen arbeiten, wenn es ihnen einmal nicht so wahnsinnig gut geht oder sie müde sind. Wenn sich allerdings die Abwehr länger hinzieht und man sieht, dass es sich nicht bloß um eine kurzfristige Laune handelt, läuft etwas schief.

Da sich Menschen mit Behinderung nicht immer klar artikulieren können, da sie manchmal nicht in der Lage sind, die wahren Zusammenhänge zu erkennen, ist dann auf jeden Fall ein Gespräch mit den Beteiligten am Arbeitsplatz fällig. Manchmal liegt es an den Arbeitsvorgängen, die jemanden überfordern. Manchmal gibt es Spannungen zwischen den Mitarbeitern, die der Sohn oder die Tochter nicht allein lösen können. In der Werkstatt für behinderte Menschen kann man sich in diesen Fällen zunächst an den Abteilungsleiter und dann an den Sozialen Dienst oder den Psychologen wenden. Wer in einem Integrationsbetrieb als Anlaufstelle dient, muss man von Fall zu Fall herausfinden.

> ***Louis F.:*** *„Der Hans schnauzt mich immer an. Er sagt immer: schneller, schneller! Aber der ist gar nicht mein Chef, nur mein Kollege."*
>
> ***Miriam B.:*** *„Morgens habe ich keine Lust. Wenn ich aus dem Bus steige, kommen der Andi und der Mano beide zu mir. Sie streiten. Jeder will, dass ich seine Freundin bin. Aber ich will nicht. Das nervt."*

Abfinden muss man sich auch mit der Tatsache, dass die Art der Förderung, die das Kind in der Schule erlebt hat, am Arbeitsplatz nicht in der gleichen Weise fortgesetzt wird. Natürlich lernt der junge Mensch auch weiterhin, aber der gezielte Unterricht findet nicht mehr statt. Und ob es möglich ist, sich nach einem anstrengenden Arbeitstag noch zu Hause mit Leseübungen zu beschäftigen, das muss jeder für sich entscheiden. Der Feierabend ist wohl verdient und die meisten möchten ihn auch als solchen nutzen.

Ärgerlich ist für viele Angehörige die Urlaubsfrage. Einem Mitarbeiter mit Behinderung stehen ebenso viele freie Tage zu wie jedem anderen Arbeitnehmer, aber er kann meistens keinen individuellen

Urlaub nehmen. Die Werkstätten schließen, wie andere große Firmen auch, komplett, und das meistens in den Sommermonaten. So müssen sich auch Eltern, die längst in Rente sind und deren andere Kinder mittlerweile nicht mehr mit ihnen verreisen, nach den Schulferien richten. Auch die Angebote für Freizeiten werden zum größten Teil in diese Monate gelegt, sonst hätte man ja keine Kunden, die mitfahren.

> ***Andrea H.:*** *„Theoretisch sind ja die Werkstätten für die Behinderten da, aber ich habe den Eindruck, dass es umgekehrt ist. Die meisten nichtbehinderten Mitarbeiter wollen die Schulferien nutzen, weil sie selber noch schulpflichtige Kinder haben. Aber wir würden gern mal eine schöne Reise im Herbst machen, wenn es nicht mehr überall so voll und teuer ist. Es wäre auch schön, über das Jahr verstreut immer mal wieder eine Woche zu haben, aber das geht nicht! Zusätzliche Urlaubstage sind nur in Ausnahmefällen zu bekommen. Das bedeutet, dass wir uns auf unsere alten Tage wieder mit den Schulferien auseinandersetzen müssen. Ich finde das furchtbar lästig."*

Bewerbungen schreiben

Wer in einem Integrationsbetrieb oder auch auf dem freien Arbeitsmarkt einen Ausbildungs- oder Arbeitsplatz sucht, der muss sich bewerben – das ist klar!

Wichtig zu wissen ist, dass man bei einer schriftlichen Bewerbung gewisse Spielregeln einhalten sollte.

Eine klassische Bewerbung **muss** immer enthalten:

- ein Bewerbungsschreiben
- einen Lebenslauf
- ein Bewerbungsfoto
- Zeugniskopien

Zusätzlich **kann** man zu den Unterlagen hinzufügen:

- Zertifikate von Kursen oder Praktika
- Empfehlungen von Lehrern oder früheren Arbeitgebern.

Ganz entscheidend ist die äußere Form, also sauberes, nicht verknicktes Papier, richtige Rechtschreibung und Zeichensatz.

Im Bewerbungsschreiben sollte stehen, warum man sich für die Stelle interessiert, weshalb man der richtige Kandidat für die Stelle wäre, was man kann und was man will.

Die Bewerber dürfen sich dabei ruhig positiv darstellen. Die Frage, ob man offen die Behinderung oder Einschränkung darstellen sollte, ist nicht leicht zu beantworten. Einerseits ist es natürlich wichtig und richtig, dem zukünftigen Arbeitgeber nichts vorzumachen. Andererseits besteht die Gefahr, dass die Bewerbung dann gar keine Chancen hat. Und – ehrlich gesagt – ist das auch fast immer so.

Die Vermittlung behinderter Arbeitnehmer funktioniert deshalb eher durch die Arbeitsagentur oder sonstige Beziehungen und Kontakte und nicht durch schriftliche Bewerbungen. Dennoch sollte man eine Bewerbungsmappe anfertigen, denn auch bei direkten Vermittlungen und Vorstellungsgesprächen ist es gut, wenn man dem Arbeitgeber Unterlagen in die Hand drücken kann und dabei handelt es sich um die gleichen Unterlagen, die man sonst per Post verschickt hätte.

> ***Silvio C. ist ausgebildeter Masseur und blind:*** *„Ich bin mir ziemlich sicher, dass schriftliche Bewerbungen eines Behinderten sofort aussortiert werden – zumindest habe ich diese Erfahrung etwa drei Jahre lang gemacht. Dass das nicht nur meine persönliche Meinung ist, wurde mir von unterschiedlichen Seiten bestätigt."*

Wie die perfekte Bewerbung aussehen sollte, dazu gibt es eine Menge Bücher und Internetadressen. Interessant für Menschen mit Lern- oder geistiger Behinderung ist ein Leitfaden in leichter Sprache verfasst, den man bei der Vernetzungsstelle für Gleichberechtigung, Frauenbeauftragte und Gleichstellungsbeauftragte, Sodenstraße 2, 30161 Hannover bekommt. Stichwort: „Ich bewerbe mich" – einfach gesagt.

Finanzielle Fragen

Im Sozialgesetzbuch (SGB) ist grundsätzlich festgelegt, welche Maßnahmen von Menschen mit Behinderung in Anspruch genommen werden können. Allererster Schritt um zu klären, ob ein junger Mensch mit einer Behinderung – auch einer drohenden – in den Genuss solcher Leistungen kommt, ist ein Antrag beim zuständigen Versorgungsamt, das den Grad der Behinderung feststellt. Bei Menschen mit eindeutigen oder schwereren Behinderungen ist das meistens schon im Kindesalter geschehen. Welcher Träger für welche Förderung im Einzelnen zuständig ist, kann meistens beim Berater der Arbeitsagentur oder anderen Reha-Trägern geklärt werden. Die Bundesanstalt für Arbeit ist es, die einen Großteil der finanziellen Leistungen aufbringen muss, denn sie ist zuständig für die berufliche Eingliederung behinderter Menschen.

Lebt ein Erwachsener mit Behinderung bei den Eltern oder anderen Angehörigen und geht tagsüber (teilstationär) in eine Werkstatt für behinderte Menschen, braucht er sich nicht aus seinem Vermögen an den Werkstattkosten beteiligen. Erst wenn er oder sie ein monatliches Einkommen bezieht, das den zweifachen sozialhilferechtlichen Regelsatz übersteigt (rund zweimal 340,– €), dann müsste die darüber hinausgehende Summe des Einkommens für die Werkstattkosten eingesetzt werden. Nur das Mittagessen müssen Werkstattgänger, die noch zu Hause wohnen, in einigen Bundesländern zum Teil aus eigener Tasche bezahlen. Die Eltern werden ansonsten grundsätzlich nicht zu den Werkstattkosten herangezogen!

Wer finanziert was?

Die Agentur für Arbeit übernimmt die so genannten „Leistungen zur Teilhabe am Arbeitsleben“. Dabei handelt es sich um:

- **Ausbildungskosten** in einer Berufsvorbereitenden Einrichtung, in einem Berufsbildungswerk oder einem ähnlichen Ausbildungslehrgang. Grundlage dafür ist das Sozialgesetzbuch (SGB)§ 2 SGB IX und § 19 SGB III. Darin ist geregelt, dass Jugendliche mit Behinderungen einen Anspruch auf Pflichtleistungen nach § 102 I SGB III haben. Zu beachten ist, dass es sich dabei *nicht* um einen gesetzlich garantierten Anspruch handelt, sondern um eine so genannte „Kann-Bestimmung“.
- **Ausbildungsgeld** für alle jungen Leute mit Behinderung, die eine Ausbildung machen, eine Berufsbildende Maßnahme besuchen oder im Eingangsverfahren bzw. Berufsbildungsbereich einer Werkstatt für behinderte Mitarbeiter ausgebildet werden. Im Gegensatz zu den nicht behinderten Auszubildenden bekommen es

auch diejenigen, die noch bei ihren Eltern oder einem Elternteil wohnen.

- **Grundsicherung für Arbeitssuchende.** Diese Unterstützung können Personen beantragen zur Sicherung ihres Lebensunterhalts, wenn sie zwischen 15 und 64 Jahre alt sind, erwerbsfähig und hilfebedürftig. Im Rahmen des so genannten Arbeitslosengeldes II wird in solchen Fällen ein Regelsatz bezahlt sowie angemessene Kosten für Unterkunft und Heizung. Erwerbsfähig sind nach der gesetzlichen Definition diejenigen, die unter den üblichen Bedingungen am Arbeitsmarkt mindestens drei Stunden täglich erwerbstätig sein können.
- **Notwendige Kosten** für Internat bzw. Fahrtkosten, falls die Auszubildenden nicht von zu Hause das Bildungswerk erreichen können.
- **Übergangsgeld** wird für junge Leute mit Behinderung eher selten gezahlt, denn darauf haben behinderte Menschen Anspruch, wenn sie an Maßnahmen der Rehabilitationsträger zur Teilhabe am Arbeitsleben teilnehmen und vorher schon mindestens zwölf Monate lang ein versicherungspflichtiges Arbeitsverhältnis vorweisen konnten oder arbeitslos gemeldet waren.

Die Sozialbehörde bezahlt:

- **Arbeitsförderungsgeld.** Es wird zusammen mit dem Werkstattlohn ausbezahlt und beträgt monatlich 26,– €. Es ist für diejenigen Mitarbeiter gedacht, deren Entgelt zusammen mit dem Arbeitsförderungsgeld 323,– € nicht übersteigt.
- **Grundsicherung für voll Erwerbsgeminderte.** Damit sind hilfebedürftige Personen gemeint, die das 18. oder das 65. Lebensjahr vollendet haben und dauerhaft voll erwerbsgemindert sind. Nach der gesetzlichen Definition sind damit auch Menschen gemeint, die in einer Werkstatt für behinderte Menschen oder in einer Förderstätte beschäftigt sind. Anspruch darauf haben volljährige Menschen mit Behinderung übrigens auch dann, wenn sie noch bei den Eltern wohnen. Wohnt der Mensch mit Behinderung in einem Wohnheim, dann fordert der Sozialhilfeträger das Geld wieder ein.
- **Kindergeld** auch über das 18. Lebensjahr hinaus, wenn das volljährige Kind „außerstande ist, sich selbst zu unterhalten“. Das ist dann der Fall, wenn es in Ausbildung ist oder später in einer Werkstatt für

Behinderte arbeitet und nur einen geringen Lohn bekommt oder eine Förderstätte besucht.

- **Krankenversicherungsbeiträge,** wenn jemand die im Sozialhilferecht geltenden Einkommens- und Vermögensgrenzen unterschreitet (§ 13 BSHG).
- **Notwendige Kosten** für Auszubildende, z. B. für Lernmittel, Arbeitskleidung, Unterrichts- und Lehrgangsgebühren, Fahrkosten (einschließlich für Begleitpersonen), Unterkunft und Verpflegung und die Sozialversicherung werden übernommen.
- Die Leistungen der **Förderstätte** trägt ebenfalls der überörtliche Sozialhilfeträger. Der behinderte Mensch muss nur für das Mittagessen eine gewisse Summe selbst bezahlen. Diese wird von seinem monatlichen Einkommen abgezogen, falls das rund 660,– € nicht übersteigt. Was sicher nur bei sehr wenigen der Fall sein dürfte!
- **Taschengeld** wird im Sozialhilfegesetz „Barbetrag zur persönlichen Verfügung“ genannt. Voraussetzung dafür ist, dass man seinen Lebensunterhalt nicht oder nicht ausreichend mit eigener Arbeitskraft oder eigenen Mitteln (z. B. Vermögen) bestreiten kann und in einem Heim wohnt. Für alle, die das 18. Lebensjahr noch nicht erreicht haben, setzen die zuständigen Behörden eine Summe fest. Erwachsene über 18 bekommen mindestens 30% des Regelsatzes eines Haushaltsvorstands und der beträgt, von Bundesland zu Bundesland verschieden, weniger als 300,– €.

Betriebe in der freien Wirtschaft, die Menschen mit einer Behinderung ausbilden oder beschäftigen, bekommen folgende Zuschüsse von der Arbeitsagentur:

- **Eingliederungszuschüsse** zu den Lohnkosten werden gezahlt bei Einarbeitung, bei erschwerter Arbeitsvermittlung und für ältere Arbeitnehmer. Für besonders betroffene behinderte Menschen ist eine spezifische Förderung vorgesehen. Die Zuschüsse können bis zu 70% des Arbeitslohns betragen, einschließlich des Gesamtsozialversicherungsbeitrages des Arbeitgebers, für maximal drei Jahre.
- **Ausbildungszuschüsse** bekommt der Betrieb für die Ausbildungsvergütung, wenn die betriebliche Aus- und Weiterbildung aus behinderungsbedingten Gründen ansonsten nicht zu erreichen ist. Die Zuschüsse betragen bis zu 60% (in Ausnahmefällen bis zu

100%) der monatlichen Ausbildungsvergütung sowie die gesamten Sozialversicherungsbeiträge des Arbeitgebers.

- **Zuschüsse für eine befristete Probebeschäftigung** werden dann gezahlt, wenn sich dadurch die Chancen für eine dauerhafte Beschäftigung verbessern. Sie werden bis zur vollen Höhe der notwendigen Kosten und für die Dauer von drei Monaten übernommen.
- **Praktikumsvergütung** wird bis zu einem Betrag von 192,– € monatlich erstattet, zuzüglich des Gesamtsozialversicherungsbeitrages, wenn das Betriebspraktikum mit einer Berufsvorbereitenden Bildungsmaßnahme in Teilzeit verbunden ist.

Betriebe, die die gesetzlich vorgeschriebene Beschäftigungsquote für schwer behinderte Menschen nicht erfüllen, müssen übrigens eine **Ausgleichsabgabe** bezahlen.

Wie sind Auszubildende und Berufstätige mit einer Behinderung versichert?

Jeder, der eine Ausbildung macht oder arbeitet, ist sozialversichert, das gilt auch für Menschen mit Behinderung.

In der gesetzlichen Krankenkasse werden behinderte Kinder sogar ohne Altersbegrenzung bei ihren Eltern mitversichert, wenn sie außerstande sind, sich selbst zu unterhalten. Dies gilt zum Beispiel auch für Behinderte, die in Förderstätten arbeiten. Jugendliche können, so lange sie in Ausbildung sind, mit ihren Eltern mitversichert sein und bezahlen (zumindest bisher) keine eigenen Beiträge.

Junge Menschen mit Behinderung, die entweder im Berufsbildungsbereich, im Arbeitsbereich einer Werkstatt für behinderte Menschen oder in anderen Einrichtungen beschäftigt sind, müssen selbst krankenversichert sein und – solange bestimmte Einkommensgrenzen nicht überschritten sind – bezahlt die Werkstatt bzw. die Einrichtung die Krankenkassenbeiträge.

Behinderte Menschen, die nicht mehr in der Familie mitversichert sind (weil vielleicht die versicherten Angehörigen verstorben sind), die aber auch nicht versicherungspflichtig sind, können unter bestimmten Umständen freiwillig Mitglied einer Krankenkasse werden.

Als Berufstätige müssen sie ebenfalls sozialversichert sein und in einer Kranken-, Renten- und Pflegeversicherung gemeldet werden.

Wer verdient wieviel?

... als Auszubildender:

- Eine Ausbildungsvergütung, wie das bei einer Lehre auf dem freien Arbeitsmarkt üblich ist, gibt es in den speziellen Berufsausbildungslehrgängen für Jugendliche mit Behinderung nicht. In den Berufsbildungswerken bekommen Auszubildende, die nicht im Internat leben, 282,– € Ausbildungsgeld monatlich und ein kostenloses Mittagessen in der Einrichtung. Die Internatsbewohner bekommen 91,– € im Monat Ausbildungsgeld und zusätzlich kostenloses Frühstück, Mittag- und Abendessen. Wer nicht im Internat lebt und einen Förderlehrgang besucht, bekommt 192,– €. Im Berufsbildungsbereich einer Werkstatt für behinderte Mitarbeiter bekommt der Auszubildende 67,– €, gleichgültig ob er zu Hause oder in einer Wohneinrichtung lebt.

... als Berufstätiger:

- Wer als behinderter Arbeitnehmer in einem Betrieb der freien Wirtschaft angestellt wird, dem stehen grundsätzlich die gleichen Verdienstmöglichkeiten offen wie Menschen ohne Behinderung. Nur der Arbeitgeber kann Zuschüsse beantragen, die es ihm erleichtern, einen Mitarbeiter einzustellen, der vielleicht zusätzliche Unterstützung oder Begleitung braucht.
- In einer Werkstatt für behinderte Mitarbeiter sind die Entgelte (so nennt man hier den Verdienst) sehr unterschiedlich. Sie können zwischen 67,– € und mehr als 600,– € im Monat liegen. Im Bundesdurchschnitt verdient ein Beschäftigter nur rund 160,– € pro Monat, aber das ist nur eine statistische Größe, denn je nachdem, ob der Werkstattträger eher die wirtschaftliche Betätigung und produktive Leistung betont oder arbeitstherapeutische, pädagogische und gestalterische Schwerpunkte setzt, kommt mehr Geld herein oder weniger. Außerdem spielen auch Art und Schwere der Behinderung eine Rolle. Braucht ein Mitarbeiter aufwändigere Betreuung, dann steht er oder sie eine wesentlich geringere Zeit für die Arbeit zur Verfügung. Und selbst die verlangt nach pädagogischer Begleitung und nicht vorrangig nach einem Produktivitätsbeweis. Das sind die äußerlichen Ursachen.

  Gemessen am finanziellen Gesamtergebnis der Werkstätten können die Beschäftigten mindestens 70% aller insgesamt erwirtschafteten Werte erhalten. Ob und wie diese dann verteilt werden, darüber berät und entscheidet – wie schon erwähnt – die Werkstattleitung zusammen mit dem Werkstattrat.

SGB IX, §138, Abs. 2: *„Die Werkstätten zahlen aus ihrem Arbeitsergebnis an die im Arbeitsbereich beschäftigten behinderten Menschen ein Arbeitsentgelt, das sich aus einem Grundbetrag in Höhe des Ausbildungsgeldes, das die Bundesagentur für Arbeit nach den für sie geltenden Vorschriften behinderten Menschen im Berufsbildungsbereich zuletzt leistet, und einem leistungsangemessenen Steigerungsbetrag zusammensetzt. Der Steigerungsbetrag bemisst sich nach der individuellen Arbeitsleistung der behinderten Menschen, insbesondere unter Berücksichtigung von Arbeitsmenge und Arbeitsgüte."*

- Die Besucher einer Förderstätte „verdienen" eigentlich nichts. Das heißt: Da sie keine Arbeitnehmer im klassischen Sinn sind, sondern Teilnehmer an einer Fördermaßnahme, bekommen sie kein „Gehalt" und sie haben auch keinen „Urlaub" – zumindest so wie das die Beschäftigten einer Werkstatt haben. Dennoch bekommen sie natürlich Ferien. Grund für diese Unterscheidung ist die Tatsache, dass der Besuch einer Förderstätte eine Reha-Maßnahme ist und keine Beschäftigung.

Freizeit und Ferien

__Bernhard F.:__ „Mein Hobby ist Tischtennis spielen. Zweimal in der Woche treffe ich mich in der Freizeitstätte der Offenen Behinderten Arbeit mit Freunden zum Training. In einem Raum haben sie eine Tischtennisplatte aufgestellt wo wir dann üben dürfen."

__Holger Sch.:__ „Mein Sohn Fabian wohnt noch bei uns. Nach der Arbeit in der Werkstatt ist es sehr schwer, ihn noch einmal in die Gänge zu bringen. Jetzt nimmt ihn meine Frau mit zum Kirchenchor und da darf er sogar mitsingen, was er auch recht gut macht. Endlich haben wir also etwas gefunden, was auch er in seiner Freizeit gerne macht!"

Ideen für den Feierabend

Mal ehrlich: Wie verbringen Sie normalerweise Ihren Feierabend? Gehören Sie zu den Menschen, die sich abends weiterbilden oder ins Konzert gehen? Oder eher zu denen, die am liebsten alle Viere von sich strecken und es sich vor dem Fernseher gemütlich machen? Gehen Sie regelmäßig ins Fitnessstudio oder zum Joggen? Oder ziehen Sie ein behagliches Zusammensitzen mit Freunden vor? Ebenso unterschiedlich wie Ihre Antworten werden wohl auch die Entgegnungen bei Menschen mit Behinderung ausfallen.

Viele Behinderte haben einen sehr langen Arbeitstag. Der Bus holt sie um sieben Uhr am Morgen ab und sie kommen erst um sechs Uhr abends wieder nach Hause. Den ganzen Tag hindurch haben sie viele Kollegen um sich gehabt und sich auf die vielfältigsten Anforderungen konzentrieren müssen. Im Wohnheim oder zu Hause bei den Eltern wird dann gemeinsam gegessen und aufgeräumt. Wen wundert es, dass viele nur noch das Bedürfnis haben, sich auszuruhen und früh ins Bett zu gehen.

Trotzdem gibt es eine Reihe von Aktivitäten, die auch Menschen mit Behinderung gern wahrnehmen. Da sind zunächst einmal die Unternehmungen der Offenen Behinderten Arbeit (OBA). Die Kirchen und viele große Träger, z. B. die Lebenshilfe, der VdK oder die Arbeiter Wohlfahrt (AWO) haben erkannt, wie wichtig es ist, dass Menschen mit Behinderung ihre Freizeit gestalten und mit Unterstützung so viel wie möglich am gesellschaftlichen Leben teilhaben. Sie organisieren Clubs, die meistens regelmäßig an einem Abend in der Woche stattfinden und andere Unternehmungen. Das Programm wird gemeinsam erarbeitet und wenn man einmal gar keine Lust hat, z. B. mit ins Kino zu gehen, dann meldet man sich eben ab. Aber das passiert eher selten.

> ***Valentin M. (ehrenamtlicher Betreuer):*** *„Ich bin jetzt seit über zehn Jahren als Ehrenamtlicher bei der OBA. Interessant ist, wie sich die Wünsche der Clubteilnehmer verändert haben. Früher waren sie scharf auf Kino, Bowling, Disco usw. Es konnte gar nicht genug Bewegung sein. Allmählich aber werden wir alle älter und ruhiger und oft genug wünschen sich die meisten einen gemütlichen Abend im Clubhaus oder im Café um die Ecke."*

Integrative Begegnungsstätten mit einem kleinen Café, Räumen für Disco-Veranstaltungen oder Gesprächsabende gehören häufig zum Angebot einer OBA. Dort kann man Computerkurse besuchen, Musik machen oder sich einfach nur bei einer Tasse Kaffee unterhalten.

> ***Elisabeth F.:*** *„Seit Bernhard zweimal in der Woche zum Tischtennistraining geht, ist er viel ausgeglichener. Auch die Betreuer im Wohnheim sind sehr erfreut, weil er dadurch ein bisschen mehr Bewegung hat."*

Viele OBAs offerieren darüber hinaus Assistenz bei individuellen Vorhaben oder sie besuchen am Wochenende in kleinen Gruppen Ausstellungen, Konzerte, Fußballspiele usw. Ohne die vielen ehrenamtlichen Helfer und Helferinnen würde das Programm sicher sehr karg ausfallen, denn öffentliche Zuschüsse für Freizeitarbeit gibt es kaum.

In vielen Orten, besonders natürlich in größeren, bietet die Volkshochschule Weiterbildungsmöglichkeiten an. Da gibt es Kurse fürs Schreiben und Lesen, Kochexperimente, Englischseminare, Musik und Tanz. Meistens sind diese Angebote sehr schnell ausgebucht und werden zuverlässig besucht. Menschen mit Behinderung nehmen ihre Anmeldung sehr ernst und versäumen einen Kursabend nur, wenn es wirklich nicht anders geht.

> ***Ingrid R.:*** *„Miriam geht jeden Donnerstag in die Frauengruppe der OBA. Das ist für mich eine große Beruhigung, denn sie lernt dort auch, sich mit ihrer Rolle als Frau auseinander zu setzen und sich ihrer Haut zu wehren, wenn Kollegen sie als Putzfrau vereinnahmen wollen oder sexuell übergriffig werden."*

Ein Problem bei all diesen Möglichkeiten ist die Erreichbarkeit. Lebt ein Erwachsener in einer größeren Stadt und kann selbstständig mit den öffentlichen Verkehrsmitteln fahren, hat er keine Schwierigkeiten, an den unterschiedlichen Veranstaltungen teilzunehmen. Ist er jedoch darauf angewiesen, dass man ihn auf seinem Weg begleitet, sieht die Sache schon anders aus. Weder die Mitarbeiter in einem Wohnheim noch die Eltern können unbegrenzt Fahrdienste leisten. Und wie vertreiben sie sich die Zeit, während ihr Sohn oder ihre Tochter ein Konzert genießt? Manche Kommunen stellen Menschen mit Behinderung Taxischeine zur Verfügung, so dass sie in der Lage sind, unabhängig zu verschiedenen Veranstaltungsorten zu fahren. Auch Fahrgemeinschaften von Eltern oder Menschen mit Behinderung können die Teilnahme erleichtern.

Doch nicht alle Eltern sind zufrieden mit den Freizeitangeboten für ihre Söhne und Töchter und nehmen deshalb selbst das Heft in die Hand. So gibt es Gruppen, die z. B. einen Englischkurs oder Wochenendausflüge organisieren. Andere gehen gemeinsam ins Theater oder zum Skifahren. Der Fantasie sind da keine Grenzen gesetzt.

> ***Gudrun B.:*** *„Vor über zehn Jahren, als mein Sohn etwa 18 war, merkte ich, dass er mit dem Wochenende in der Familie nicht besonders glücklich war. Seine Geschwister verschwanden mit ihren Freunden, und er blieb übrig. Ich habe dann mit anderen Eltern gesprochen und ein paar Behinderte gefunden, denen es ähnlich ging. Die Begleitung übernahmen meine Tochter und ihre Freunde, die damals gerade mit dem Studium begonnen hatten. Gegen eine kleine Entschädigung wechselten sie sich am Freitagabend ab. Wir stellten immer ein Programm für ein Vierteljahr zusammen: Café, Bowling, Pizzaessen, Theater, Konzert, ... Inzwischen ist der ‚Teenietreff' zum Selbstläufer geworden. Meistens müssen wir in zwei oder drei Gruppen gehen, denn es kommen immer mehr Teilnehmer. Die ältesten sind über dreißig, die jüngsten gerade mal 18. Betreuer finde ich am einfachsten über Geschwister und Freunde. Ich hätte nicht gedacht, dass der Bedarf so groß ist. Aber anscheinend macht besonders das Wochenende den Familien Freizeitprobleme."*

Wichtig ist auch hier der Mut zum Risiko, denn niemand kann garantieren, dass nicht ab und zu etwas schief geht.

> ***Hanni H.:*** *„Es ist schon eine Weile her, da war Matthias wie fast jeden Samstagabend in der Freizeitstätte im Löhehaus. Wie gewohnt hat er sich auf den Heimweg gemacht. Aber irgendwas muss passiert sein, denn er kam erst am Sonntagmorgen wieder zu Hause an. Was genau los war, ist nur noch schwer zu rekonstruieren. Vielleicht hat er ausnahmsweise die Haltestelle verpasst, vielleicht hat er nicht rechtzeitig auf den Halteknopf gedrückt, vielleicht ist der Fahrer einfach durchgefahren – jedenfalls landete Matthias anscheinend an irgendeiner Endstation. Da ist der Fahrer einfach ausgestiegen! Matthias hat ihn, so sagt er, aufgefordert, ihn zur richtigen Station zurückzufahren, aber der Fahrer hat ihm mitgeteilt, dass er jetzt Feierabend habe. Das hat Matthias ziemlich blöd gefunden, er hat ordentlich hinter ihm hergeschimpft. Und dann? Dann hat er gewartet, und dann ist er mit der U-Bahn und mit der S-Bahn gefahren, einmal war er am Hauptbahnhof, einmal in Neu-Perlach, da hat er „den Fahrplan gelesen". Kreuz und quer durch die Stadt ist er gefahren, bis er letzten Endes irgendwie an der Fraunhoferstraße gelandet ist, die Station kennt er von seinem früheren Schulweg, von dort konnte er dann heimfahren. Und so hat er sich mit seinen dreiundzwanzig Jahren zum ersten Mal in seinem Leben eine Nacht um die Ohren geschlagen und kam müde, aber auch irgendwie stolz um halb acht den Gartenweg entlang geschlurft. Und seine Rabeneltern haben seelenruhig geschlafen und nichts gemerkt, weil sich einer auf den anderen verlassen hatte! Man stelle sich vor, welche Sorgen sie sich gemacht hätten, wenn sie die ganze Nacht nach ihm gesucht hätten!"*

Natürlich findet Freizeitgestaltung auch in den Wohnheimen und Wohngruppen statt. Neben Erholungsphasen und der Beschäftigung mit eigenen Interessen gibt es die unterschiedlichsten Vorhaben, die gemeinsam oder individuell durchgeführt werden. Mitarbeiter können diese Förderung und Weiterbildung oft sehr viel besser durchführen als Eltern, denn sie sind nicht so stark emotional gebunden und können deshalb sachlicher und konsequenter sein. Auch ihnen liegt ja daran, dass sich der Erwachsene weiter entwickelt.

> ***John R.:*** *„Bei uns hatte Steven nie Lust, sich mit Nachrichten oder der Zeitung zu beschäftigen. Aber in der Wohnstätte schauen sich alle gemeinsam die Tagesschau an und sprechen darüber. Da hat er sich*

> *allmählich auch dazugesellt. Angefangen hat es damit, dass er uns immer vom Wetterbericht erzählte. Wir waren natürlich froh darüber, denn damit haben sich auch unsere Gesprächsthemen etwas erweitert."*

Urlaub und Reisen

Einem Erwachsenen mit Behinderung steht die gleiche Menge an Urlaubstagen zu wie jedem anderen Arbeitnehmer. Wie dieser Urlaub sich auf das Jahr verteilt, das hängt davon ab, wo man arbeitet. Die Werkstätten und Dorfgemeinschaften schließen normalerweise, wie andere große Firmen auch, in den Sommermonaten für vier Wochen. In dieser Zeit werden viele Reisen und Freizeiten für Menschen mit Behinderung angeboten.

Träger, Einrichtungen und Wohngemeinschaften organisieren Urlaubsfahrten für ihre eigene Klientel, aber es gibt auch jede Menge übergreifender Angebote. Für einige Erwachsene ist es erholsam, auch in den Ferien mit den Menschen zusammen zu sein, die ihnen aus dem Alltag vertraut sind. Die meisten jedoch möchten gerade im Urlaub einmal neue Gesichter sehen. Zwistigkeiten und Spannungen, wie sie beim Zusammenleben immer entstehen, werden nicht mit auf die Reise genommen, für kurze Zeit kann man dem Alltag entkommen.

Auf der Suche nach Ferienangeboten kann man sehr schnell fündig werden:

- Viele Träger veröffentlichen Kataloge oder Broschüren.
- Im Internet finden sich regelrechte Reisebörsen.
- Gespräche mit anderen Eltern bringen Hinweise auf Urlaubsangebote.

Oft hat auch die Familie das Bedürfnis, ihren Angehörigen einmal längere Zeit für sich zu haben, nicht immer nur stundenweise oder am Wochenende. Sehr viele Eltern splitten deshalb die Urlaubszeit: zwei Wochen für eine Freizeitfahrt, zwei Wochen zu Hause.

Die Preise für Ferienreisen sind unterschiedlich. Sie hängen meist davon ab, wie individuell die Betreuung geplant ist. Zwei Begleiter oder Assistenten für zwölf Personen kosten nun einmal weniger als sechs. Dafür hat man den Vorteil, dass man nicht immer in einer großen Gruppe unterwegs ist, sondern seine eigenen Wege gehen kann. Falls jemand nicht in der Lage ist, seinen Urlaub zu finanzieren, sollte er mit dem Anbieter bzw. der Trägerorganisation sprechen. Manchmal werden speziell für diesen Zweck Spendengelder gesammelt, es gibt Urlaubspaten, die für einen Erwachsenen etwas zuschießen oder auch Möglichkeiten, über die Verhinderungspflege etwas von dem Geld zu bekommen. Da es sich hier um Einzelfallregelungen handelt, sollte man sich jeweils mit dem Anbieter in Verbindung setzen und herausfinden, wie man die Reise finanziell ermöglichen kann.

Selbstständige und unternehmungslustige Erwachsene können natürlich auch einfach im Reisebüro eine „normale“ Reise buchen. Es ist ein Stück gelebte Integration und kann, wenn es gut geht, viele Berührungsängste und Vorurteile abbauen.

> **Heidrun A.:** *„Markus und Robert sind im letzten Jahr mit einer normalen Reisegruppe nach Istrien gefahren. Anscheinend hat alles gut geklappt, obwohl Robert kaum spricht – Markus dafür umso mehr. Sie haben erzählt, dass die meisten Leute sehr nett waren. Allerdings mussten sie sich manchmal auch allein die Zeit vertreiben, an Tagen, wo jeder sein eigenes Programm gemacht hat. Aber ihnen hat es so gut gefallen, dass sie es in diesem Jahr wiederholen wollen. Gut finde ich, dass sie zu zweit sind, da können sie sich gegenseitig helfen und sind nicht völlig auf die anderen angewiesen.“*

Es gibt inzwischen einen ziemlichen großen Markt von Veranstaltern, die Reisen für Menschen mit Behinderung anbieten. Dabei gilt wie so oft im Leben: Informieren Sie sich gründlich! Nicht immer sind die angebotenen Reisen wirklich gut. Vor allem bei Menschen, die intensivere Betreuung brauchen, sollte man genauer hinschauen. Am besten, Sie hören sich bei anderen Eltern um oder Sie fragen bei großen Behindertenverbänden nach, mit welchen Veranstaltern gute Erfahrungen gemacht wurden.

Für Menschen mit Behinderung und ihre Angehörigen ist es wichtig zu wissen, dass man Anspruch auf verschiedene Vergünstigungen hat:

- *Flugreisen: Grundsätzlich werden auf allen Flughäfen besondere Hilfen für Reisende mit Behinderung angeboten. Das hat erst vor kurzem das Europaparlament festgelegt und damit die Rechte von körperlich und geistig behinderten Passagieren gestärkt. Der neuen Verordnung zufolge sollen ab 2007 die großen Flughäfen verpflichtet werden, umfassende Hilfeleistungen unentgeltlich zur Verfügung zu stellen. Dazu gehören unter anderem Rollstühle an allen Start- und Landeorten in Europa. Ebenfalls kostenlos muss Hilfe beim Transport vom Abfertigungsschalter sowie beim Besteigen und Verlassen des Flugzeugs geleistet werden. Und – ganz wichtig – Personen mit eingeschränkter Mobilität darf die Beförderung aufgrund ihrer Behinderung nicht verweigert werden. Falls die Reise dennoch nicht möglich ist, weil z. B. nur ein Passagier mit einer Gehbehinderung im Rollstuhl transportiert werden kann, sollen ein anderer Flug angeboten oder die Kosten erstattet werden. Deutsche Linienfluggesellschaften gewähren außerdem im innerdeutschen Flugverkehr Begleitpersonen von schwer behinderten Reisenden besondere Ermäßigungen. Voraussetzung ist ein Schwerbehindertenausweis, in dem mindestens ein Behinderungsgrad von 50% eingetragen ist. Detaillierte Informationen über Preisnachlässe und sonstige Hilfsmittel kann man über die Reisegesellschaften in Erfahrung bringen. Hilfreich sind auch die Broschüren „Reisetipps für behinderte Fluggäste" der Lufthansa oder „Reiseratschläge für behinderte Fluggäste" von der LTU. Darüber hinaus hat die Arbeitsgemeinschaft Deutscher Verkehrsflughäfen in ihren „Informationen für behinderte Fluggäste" noch zusätzliche Tipps ausgearbeitet.*

- *Bahnreisen: Während der erwachsene Reisende mit Behinderung sein Ticket bezahlen muss, fahren Begleitpersonen bei der Bahn kostenlos mit, wenn eine Notwendigkeit im Schwerbehindertenausweis vermerkt ist. Steht im Ausweis ein „B" oder ein „BL" dann ist außerdem die Reservierung des Sitzplatzes kostenfrei. Dies gilt ebenso für Rollstuhlplätze in den Fernverkehrszügen. Sollte ein behinderter Passagier die Hilfe von Mitarbeitern der Bahn benötigen, dann muss man dies ein paar Tage vor der Reise anmelden, am besten per Telefon. Details kann man in der Broschüre „Informationen für behinderte Reisende" nachlesen, die kostenlos bei allen Fahrkartenausgaben und DER-Reisebüros zu haben sind.*

- *Im Nahverkehr: Im öffentlichen Nahverkehr reist der Behinderte selbst kostenfrei, wenn die entsprechenden Merkzeichen im Schwerbehindertenausweis stehen und man zusätzlich ein Beiblatt mit einer Wertmarke beim Versorgungsamt besorgt hat.*

Schwerbehinderte Menschen, die Arbeitslosenhilfe, laufende Leistungen für den Lebensunterhalt nach dem Bundessozialhilfegesetz oder entsprechende Leistungen nach dem Bundesversorgungsgesetz beziehen, bekommen sie kostenlos für sechs oder zwölf Monate. Damit dürfen der Behinderte selbst und gegebenenfalls auch eine Begleitperson Straßenbahnen, Bus, U- und S-Bahnen sowie Nahverkehrszüge der Deutschen Bahn in einem Umkreis von 50km kostenfrei benutzen. Ein mitgeführter Rollstuhl oder sonstige orthopädische Hilfsmittel werden selbstverständlich auch ohne Beiblatt zum Schwerbehindertenausweis und Wertmarke unentgeltlich befördert. Eine Liste der Strecken, auf denen behinderte Menschen unentgeltlich fahren können, finden Sie auf den letzten Seiten der Broschüre „Informationen für behinderte Reisende“.

- *Schiffsreisen: Für Fähren oder Linienschiffe gelten die gleichen Bestimmungen wie für den Nahverkehr ganz allgemein.*

Wohnformen und Lebensräume

Hedwig Sch.: „Die Geschichte mit der Berufsfindung hat uns ganz schön in Atem gehalten. Zuerst haben wir es mit einem Berufsbildungswerk versucht. Die Praktika klappten auch einigermaßen, aber übernehmen wollte niemand den Florian. Wenn ich in dieser turbulenten Zeit auch noch darüber hätte nachdenken müssen, wo es vielleicht einen Wohnplatz gibt, wäre ich total überfordert gewesen. Außerdem brauchte er uns, denn wir haben ihm ins Gewissen geredet, mit den Ausbildern gesprochen, die bürokratischen Hürden genommen. Es war gut, dass er damals noch bei uns wohnte. Inzwischen hat er einen Arbeitsplatz, die Lage hat sich ein bisschen entspannt, aber jetzt möchte ich auch nicht gleich den nächsten Trubel erleben. Warten wir mal ab, wie es weitergeht.“

Loslassen mit Handicap

Praktika, Gespräche mit dem Arbeitsamt, die Umstellung vom Schulalltag auf den Arbeitsrhythmus, das alles bewegt die Familien vor allem in den letzten Schuljahren. Wo der Jugendliche wohnen wird, ist in den meisten Fällen zunächst nicht die dringlichste Frage. Einige Eltern verbinden zwar beide Veränderungen miteinander, aber meist denkt man Schritt für Schritt: Ist erst mal die Umstellung im Arbeitsbereich bewältigt, kehrt wieder Ruhe ein. Für den nächsten Kraftakt, den Auszug, sammelt man Kräfte, gönnt sich eine Verschnaufpause. Wie lang diese Pause wird, hängt von vielen Faktoren ab, manchmal wird daraus (leider) ein Dauerzustand.

Welche Pläne ein junger Erwachsener und seine Angehörigen für die Zukunft haben, kann sehr unterschiedlich sein. Viele Faktoren bestimmen die Entscheidung. Da ist zunächst einmal Art und Schwere der Behinderung. Braucht jemand sehr viel Pflege, ist er eingeschränkt in seiner körperlichen Beweglichkeit, ist er sehr unruhig, verrichtet er alle notwendigen Tätigkeiten weitgehend selbstständig, braucht er mehr Abgrenzung als in der Familie – diese und viele andere Fragen muss man erst einmal klären, bevor man sich umschaut. Dazu kommen örtliche Gegebenheiten. Wie viel Auswahlmöglichkeiten gibt es im näheren Umfeld? Das kann von Ort zu Ort unterschiedlich sein, ganz sicher bieten sich in einer Großstadt andere Möglichkeiten als in einem Dorf. Wie weit entfernt darf die neue Heimat sein, damit gegenseitige Besuche ohne Probleme möglich sind? Welche Bedürfnisse hat der junge Mensch? Macht es ihm z. B. nichts aus, in einer größeren Gruppe zu leben? Oder fällt es ihm schwer, andere Menschen zu ertragen? Das Loslassen zu diesem Zeitpunkt ist weitaus schwieriger als zu Beginn des Kindergartens oder der Schule, denn die neue Heimat wird der Lebensmittelpunkt sein, meistens für den Rest des Lebens.

Und es gibt natürlich vieles, was zu diesem Zeitpunkt für einen Verbleib im Elternhaus spricht. Die gewohnte Umgebung, der normale Kontakt, die Hilfestellung im Alltag durch die Eltern und Geschwister – da kann die neue Situation am Arbeitsplatz nicht erschüttern, im Hintergrund bleibt alles wie gehabt. Normalerweise bedeutet diese Phase nur eine Übergangszeit, man hält entspannt Ausschau nach eventuellen Wohnplätzen, schaut sich die eine oder andere Wohngruppe an, spricht in der Familie immer mal wieder über einen Auszug, fühlt sich aber nicht unter dem Druck, möglichst schnell eine andere Lösung zu finden.

Eltern empfinden ihr Kind nach dem Schulabschluss meistens noch nicht wirklich als erwachsen, das gilt besonders für junge Menschen mit Beeinträchtigungen. Vater und Mutter möchten sie noch schützen, reifen lassen, um ihnen dadurch den Start in die Unabhängigkeit zu erleichtern. Ihren Sohn, ihre Tochter möchten sie erst als einigermaßen gefestigte Persönlichkeit aus dem Haus geben. Und Menschen mit Behinderung sind meistens so daran gewöhnt, von den Eltern beraten zu werden, dass sie sich kaum einmal dagegen auflehnen.

> ***Karl-Heinz E.:*** *„Ich hätte es unmenschlich gefunden, Erik so früh ausziehen zu lassen. Er war noch so kindlich, so unfertig. Wir mussten ihm helfen, mit der neuen Situation zurecht zu kommen. Schule und Arbeit unterscheiden sich doch grundlegend. Für ihn war diese Veränderung schon fast eine Überforderung."*

Eine andere Position könnte man vielleicht am besten mit einem alten Sprichwort umschreiben: „Was Hänschen nicht lernt, lernt Hans nimmermehr", heißt es und das bedeutet in den Augen vieler Eltern: Es hat auch Vorteile, den neuen Lebensabschnitt nicht in Phasen, sondern sozusagen „ganzheitlich" zu beginnen. Das Elternhaus zu verlassen, um irgendwo anders zu leben und zu arbeiten, ist ein ganz normaler Prozess – nicht nur für Jugendliche mit Behinderung. Alle Beziehungen werden neu geordnet, Arbeitswelt und Lebensraum ergänzen einander und der junge Mensch wächst in dieses neue Leben hinein. Mit dem Ende der Schulzeit beginnt sowieso ein neuer Lebensabschnitt. Warum dann nicht gleich einen ganz neuen Anfang machen?

Möglichst früh soll der junge Erwachsene sich lösen, damit er noch umstellungsfähig ist und sich ohne Schwierigkeiten woanders eingewöhnt. Je länger man wartet, desto mehr verfestigen sich die Gewohnheiten. Umstellung und neue Orientierung fallen dann umso schwerer. Außerdem verbinden viele Angehörige mit einem frühen Auszug auch die Hoffnung, dass sich eine Gemeinschaft bildet, so dass sozusagen ein gemeinsamer Alterungsprozess stattfindet.

> ***Sybille M.:** „Wir haben mit Markus immer wieder darüber gesprochen, dass man nach der Schule erwachsen ist und dann nicht mehr bei den Eltern bleibt. Dass das so ist, hat er bei den Kindern von Freunden und Verwandten oft genug erlebt. Trotzdem konnte er es nicht so richtig auf sich selber beziehen. Aber im Lauf der Zeit nahm er die Idee immer mehr in sich auf. Als wir dann einen Platz fanden, war er bereit es zumindest zu probieren."*

Der richtige Zeitpunkt

Den richtigen Zeitpunkt zum Ausziehen gibt es ganz sicher nicht, zu unterschiedlich sind die Bedingungen in den einzelnen Familien und die äußeren Gegebenheiten. Auf den Idealfall, dass der junge Mensch selber einen Wunsch äußert und dass man gleichzeitig einen freien Wohnplatz findet, der allen Beteiligten gefällt, kann man nicht warten. Besser ist es, sich rechtzeitig Gedanken darüber zu machen, welche Ansprüche man stellt und unter welchen Bedingungen der Auszug sinnvoll erscheint.

In der Realität gibt es eine Vielfalt an Lösungen. Häufig weigern sich Eltern, sich festzulegen. Sie wissen, dass sie die Frage des Auszugs irgendwann einmal angehen müssen, schieben es aber immer wieder auf – aus mehr oder minder guten Gründen.

Jeder Einrichtungsträger weiß ein Lied davon zu singen, wie schwierig es ist, mit dieser Haltung umzugehen. Wird die Eröffnung einer neuen Wohngruppe angekündigt, stehen viele Namen auf der Warteliste. Wenn es dann Ernst wird mit dem Umzug, springt ein Teil wieder ab: „So schnell haben wir doch nicht damit gerechnet", „Gerade jetzt passt es uns noch gar nicht" oder „Eigentlich ist mein Sohn/meine Tochter noch nicht so weit."

Daneben gibt es die andere Schwierigkeit, dass bei Krankheit oder anderen Belastungen von heute auf morgen ein Auszug nötig wird, und dann soll ganz schnell eine optimale Lösung gefunden werden. Träger können aber keine freien Plätze für Notfälle vorhalten, das ist nicht finanzierbar. Ebenso wenig können sie Eltern zwingen, den Wohnplatz, für den sie sich angemeldet haben, auch wirklich in Anspruch zu nehmen.

Manche Eltern lassen sich vorsichtshalber auf die Wartelisten bei verschiedenen Trägern setzen, in Wirklichkeit aber haben sie noch gar nicht viel darüber nachgedacht, welche Wohnform für ihr Kind geeignet ist. Sie hoffen darauf, dass sie bei eingehenden Angeboten irgendwann einmal auf eine Lösung stoßen, die für sie akzeptabel ist. So wird die Entscheidung oft bestimmt von Zufällen und Kompromissen und eine solide Planung wird für alle Beteiligten nahezu unmöglich.

Meistens gibt es keinen klar umrissenen Anlass für die räumliche Trennung. Der Normalfall ist eher, dass man genau weiß, dass man sich irgendwann um eine Wohnmöglichkeit kümmern muss, aber da die Zeit nicht drängt, schiebt man den Gedanken erst mal wieder weg und kümmert sich um das, was gerade bewältigt werden muss. Dieses Verfahren hat zwar den Vorteil, dass man sich Zeit und Ruhe gönnt, aber es ist auch gefährlich, denn niemand weiß, wie schnell eine Situation eintritt, in der man sofort einen Platz braucht.

Es mag verschiedene Gründe dafür geben, dass gerade bei dieser Frage so viel Unentschiedenheit herrscht. Manche stecken den Kopf in den Sand, manche verlangen eine so optimale Lösung, dass ein Scheitern schon programmiert ist. Es gibt wohl kaum einen Lebensabschnitt, der so gekennzeichnet ist von Halbherzigkeit, Abwarten und Sich-selbst-Beschwichtigen. Dabei wissen alle, dass sie sich mit diesem Thema auseinandersetzen müssen. Aber im Gegensatz zu Kindergarten, Schule und Arbeit gibt es kein festgelegtes Alter, in dem man ausziehen muss, und so kann man abwarten. Bei Gesprächen mit Eltern zeigen sich die meisten einsichtig, sie geben an, dass sie mit dem Auszug nicht zu lange warten wollen. Die Realität allerdings sieht häufig anders aus.

Bei Überlegungen, wann sich der günstigste Zeitpunkt für einen Auszug ergibt, sollte man einige Argumente berücksichtigen:

- Je jünger man ist, wenn man getrennte Wege geht, desto größer ist die Chance, sich gegenseitig auf diesen Wegen noch zu begleiten.
- Familienmitglieder, deren Kräfte noch nicht verbraucht sind, können mitgestalten, ein Gegengewicht bilden.
- Der Wochenendbesuch zu Hause ist ein Anlass für Unternehmungen, ein Besuch am neuen Wohnort noch keine Strapaze.
- Ob man Sohn oder Tochter noch ein adäquates Leben bieten kann, wenn man selber immer älter wird, scheint fraglich. Zu sehr können sich dann die Bedürfnisse unterscheiden.

> ***Katharina H.:*** *„Als Patrick noch ganz klein war, habe ich mal einen Fernsehbericht über Menschen mit Behinderung gesehen. Da saß ein etwa 40-Jähriger mit seinen alten Eltern abends am Tisch und spielte Mensch-ärgere-dich-nicht. Die Eltern behaupteten, das sei sein höchstes Vergnügen. Ich hab mir dann vorgestellt, wie lange die das schon machen, da ist mir ganz schlecht geworden. Hätte er wirklich nie Lust auf was anderes gehabt? Ich weiß ja nicht …"*

Niemand ist verpflichtet, sein Leben nur nach seinem behinderten Kind auszurichten. Liebe kann sich auch anders verwirklichen als in Selbstaufgabe.

Überlegungen, die zu einem frühen Auszug führen, können sein:

- Der Wunsch, sein Leben wieder stärker selbst zu bestimmen, bevor man nicht mehr die Kraft dazu hat, ist durchaus berechtigt.
- Es ist fraglich, ob man sich oder dem Kind einen Gefallen tut, wenn man auf alle Pläne und Möglichkeiten für das eigene Leben verzichtet und sich „aufopfert".
- Resignation, Verzicht, das Gefühl, das Leben zu versäumen, sind keine gute Grundlage für die Beziehungen innerhalb einer Lebensgemeinschaft.
- Sich selbst Wünsche zu erfüllen, z. B. wieder eigenes Geld zu verdienen oder im Beruf unter Menschen zu kommen, macht es leichter, sich dem Kind positiv zuzuwenden.

In den meisten Fällen sind es die Frauen, die die Verantwortung tragen. Sie lieben ihr Kind, aber sie sind auch sehr eingeschränkt in ihren eigenen Möglichkeiten. Besonders alleinerziehende Mütter spüren die Grenzen schmerzlich. Sie müssen auf so vieles verzichten, was für andere in ihrem Alter selbstverständlich ist. Schon ein Kinobesuch kann zum Problem werden, wenn man immer einen „Kindersitter" braucht. Nicht jede hat eine Schwester oder eine Oma, die diese Aufgabe freudig übernimmt. Gute Freunde, die bereit sind, im Urlaub auf einen behinderten Jugendlichen Rücksicht zu nehmen, stehen nicht selbstverständlich zur Verfügung. Viele Unternehmungen sind ausgeschlossen, wenn man immer Abstriche machen muss.

> **Inge O.:** *„Ich freu mich wahnsinnig auf die Zeit, wo ich am Wochenende wieder lange Wanderungen machen kann, auch mal mit Übernachtung. Früher habe ich einfach meinen Rucksack gepackt und bin auf Abenteuerurlaub gegangen. Mit Maren konnte ich das nicht machen. Ich habe zwanzig Jahre meines Lebens investiert, um ihr mitzugeben, was ich konnte. Aber jetzt ist es genug. Ich habe überhaupt kein schlechtes Gewissen, wenn sie gleich nach der Schulzeit auszieht. Auch ich habe ein Recht auf ein normales Leben. Natürlich werde ich mich weiterhin um sie kümmern, aber ich bin doch nicht mehr in einem solchen Ausmaß angebunden."*

Auch eine neue Partnerschaft steht oft unter dem Druck, dass das Kind mit Behinderung die Spielregeln diktiert. Natürlich wäre es ideal, wenn es den neuen Partner liebt und beide einander akzeptieren und mögen. Aber leider ist das nicht immer so einfach. Es stellt sich die Frage, ob man wirklich auf sein persönliches Stückchen Glück verzichten sollte zugunsten des Kindes. Wird man das nicht bedauern, eventuell sogar dem Kind anlasten, es hassen dafür, dass man immer in erster Linie an sein Wohlbefinden denkt?

> **Cornelia H.:** *„Als Claus in mein Leben trat, hatte ich nach langer Zeit endlich wieder das Gefühl, ich müsste nicht immer allein bleiben und könnte doch noch einmal glücklich werden. Leider hat Luisa von Anfang an alles torpediert. Sie hängt einfach an ihrem Vater, obwohl der uns längst verlassen hat und sich wenig um sie kümmert. Den neuen Mann in meinem Leben aber wollte sie absolut nicht dulden. Sie ließ sich von ihm gar nichts sagen und spielte ihre Enttäuschung über meinen ‚Verrat' gegen ihn aus. Ich stand sozusagen immer zwischen den Fronten. Ich habe mich für Claus entschieden und für Luisa*

> *einen Platz im Wohnheim gesucht. Um mit meinen Schuldgefühlen fertig zu werden und mir die Entscheidung für mein eigenes Leben zuzugestehen, habe ich therapeutische Hilfe gebraucht. Aber ich habe auch gemerkt, wie nahe ich daran war zu verzweifeln und Luisa die Schuld daran zu geben."*

Sicher ist es nicht möglich, einen für alle gültigen Zeitpunkt zu benennen, an dem der Auszug stattfinden sollte. Die innere Bereitschaft für eine Trennung kann man nicht erzwingen. Aber die Ablösung wird nicht leichter, wenn man einfach abwartet. Überstürzen Sie nichts, aber bedenken Sie, dass Sie den jungen Menschen bei diesem wichtigen Schritt in einen neuen Lebensabschnitt umso besser begleiten und unterstützen können, je mehr eigene Energien Sie noch haben. Konzentrieren Sie sich darauf, Lebensbedingungen für ihn oder sie zu finden, die den Bedürfnissen möglichst entsprechen, statt die gegenseitige Abhängigkeit immer mehr wachsen zu lassen. Sie werden eine ganz neue Art der Begegnung erleben, wenn Sie gemeinsam mit Ihrem Kind getrennte Wege gehen.

Es kann helfen, sich anzuschauen, welche Anzeichen eine Änderung des bisherigen Lebensabschnitts einläuten. Das können z. B. sein:

- Die Schulzeit ist zu Ende.
- Alle Geschwister haben das Elternhaus verlassen.
- Ein Wechsel des Arbeitsplatzes steht an.
- Die Partnerschaft zerbricht.
- Ein neuer Partner bestimmt den Lebensrhythmus mit.
- Berufliche Anforderungen verlangen mehr Flexibilität und Freiraum.
- Eigene Krankheit oder Einschränkung verändern den Lebensrhythmus.
- Streit und Reibereien machen allen Beteiligten das Leben schwer.
- Die Eltern resignieren, fühlen sich ausgebrannt und merken, dass sie irgendwann am Ende ihrer Kraft sein werden.
- Der junge Mensch kann seine Interessen im Elternhaus nicht mehr umsetzen, er fühlt sich eingeschränkt und will nicht mehr als Kind behandelt werden.
- Der junge Erwachsene geht eine Partnerschaft ein.
- Selbstständigkeitsdrang und der Wunsch nach Veränderung der Lebensumstände werden deutlich.

- Verhaltensauffälligkeiten können ein „Hilferuf" des Kindes sein, eine Aufforderung, die Situation zu verändern.

Wichtig ist:

- Informieren Sie sich rechtzeitig – auch wenn Sie den Umzug noch nicht für die nächsten Jahre geplant haben – über die verschiedenen Möglichkeiten in Ihrer Umgebung.
- Bleiben Sie in Kontakt mit Trägern und Eltern.
- Rechnen Sie damit, dass Sie viel Zeit brauchen werden, um Ihre Suche erfolgreich abzuschließen.
- Warten Sie nicht ab, bis Sie in eine Notlage geraten. Bei Dringlichkeit findet sich nicht sofort ein geeigneter Platz. In Wohnheimen wird normalerweise nur bei Tod oder Umzug eines Bewohners ein Zimmer frei, selbstständiges Wohnen braucht einen langen Vorlauf.
- Planen Sie den Zeitpunkt des Auszugs so, dass Sie noch genügend Zeit und Kraft haben, Ihren Sohn oder Ihre Tochter aktiv zu begleiten.
- Wenn Sie sich nicht rechtzeitig um eine Wohnmöglichkeit kümmern, müssen es andere tun. Überlegen Sie sich gut, ob Sie Geschwister, andere Angehörige oder einen gesetzlichen Betreuer mit dieser Verantwortung belasten möchten.
- In sehr fortgeschrittenem Alter führt der Weg oft direkt in ein Altenheim.
- Wenn Sie nicht selber etwas ganz Eigenes organisieren wollen: Melden Sie sich bei einem Träger an! Lassen Sie sich auf die Warteliste setzen!

Denken Sie immer daran, dass ein Auszug keine wirkliche Trennung bedeutet. Ihr Sohn oder Ihre Tochter wird Sie besuchen, Sie werden seine/ihre Mitbewohner und Betreuer kennen lernen. Nur gemeinsam kann es gelingen, den neuen Lebensabschnitt harmonisch zu gestalten. Der Auszug aus dem Elternhaus ist ja nicht das Ende der verwandtschaftlichen Beziehung, sondern für beide Seiten ein Neuanfang und somit eine Chance für eine Weiterentwicklung der eigenen Biografie.

In der Familie bleiben

Es gibt Eltern, die sich eine Trennung gar nicht vorstellen können. Für diese Haltung gibt es unterschiedliche Argumente. Es ist schwer zu glauben, dass fremde Menschen jemals den eigenen Platz einnehmen, geschweige denn ihn wirklich ausfüllen können. Und ganz sicher kann niemand das „Kind“ auf die gleiche Art und Weise lieben, wie es die Angehörigen tun. Ein langer Weg liegt hinter einem, auf dem es immer wieder die Familie war, die alles auffangen musste, die zuständig war für Entscheidungen und Weichenstellungen, das schweißt zusammen. Und jetzt sollen plötzlich andere die Verantwortung übernehmen, Betreuer, die den Lebensweg des Betreuten gar nicht miterlebt haben.

> ***Chantal L.:*** *„Ich möchte so lange wie möglich auf die individuellen Bedürfnisse meiner Tochter eingehen. Das kann kein professioneller Betreuer.“*
>
> ***Eberhard G.:*** *„Wir wohnen in einem kleinen Ort, da kennt jeder unsere Susanne. Nach unserem Tod wird sie hier bleiben und in der Familie ihrer Schwester leben.“*

Eltern haben häufig ihren ganzen Lebensrhythmus auf den Angehörigen mit Behinderung eingestellt. Ihnen ist es selbstverständlich geworden, dass seine individuellen Bedürfnisse im Mittelpunkt stehen. Sie entwickeln geradezu übersinnliche Fähigkeiten, um herauszufinden, was ihr Sohn oder ihre Tochter (ihrer Meinung nach zumindest) gerade jetzt möchte oder braucht. Sie scheuen keine Mühe und keine Kosten, wenn es darum geht, eine viel versprechende Möglichkeit zur weiteren Förderung zu finden oder ihrem Kind eine Freude zu verschaffen. Werden das auch die Betreuer können oder wollen? Wenn man die Verantwortung für eine ganze Gruppe hat, muss dann nicht zwangsläufig der Einzelne zu kurz kommen?

> ***Ernst H.:*** *„Wir sind eine richtig verschworene Gemeinschaft, mein Sohn und ich. Wir haben schon immer viel miteinander gemacht, und das soll auch so bleiben, solange es mir noch gut geht. Wir haben eine große Wohnung und ein Wochenendhäuschen, wo wir oft hinfahren. Da ist immer viel los. Schöner kann Ingo doch seine Wochenenden gar nicht verbringen.“*

Alle Eltern wünschen sich, dass auch weiterhin Liebe zu ihrem Kind der Antrieb für alles ist. Aber die Betreuer machen ihre Arbeit für Geld. Kann denn das eine ausreichende Motivation sein? Sieht man nicht den Menschen mit Behinderung nur als „Material“, mit dem man seinen Lebensunterhalt verdient?

Nicht übersehen sollte man dabei allerdings die Kehrseite der Medaille. Liebe äußert sich oft in Formen der Kontrolle. Man weiß ja, was für das eigene Kind „das Beste“ ist und dieses Wissen begleitet auch den Erwachsenen. Eigenständigkeit kann dabei kaum entstehen, und oftmals werden die Wünsche der Eltern automatisch zu Wünschen des Kindes. Niemand hinterfragt, ob es wirklich noch altersgemäß ist, dass Vater und Tochter Hand in Hand über den Flohmarkt schlendern. Liebe und Fürsorge können einem Menschen die Luft zum eigenen Atmen nehmen. Je weniger ein Mensch sich dagegen wehren kann, z. B. weil die Schwere seiner Behinderung ihn daran hindert, desto eher ist es möglich, die realen Bedürfnisse zu übersehen und den Status des unmündigen Kindes ein Leben lang beizubehalten.

Eine Rolle spielt auch, dass man sich als Rabenmutter bzw. Rabenvater fühlt oder glaubt, die Mitmenschen würden nicht verstehen, warum ein Erwachsener mit Behinderung auszieht. Da fallen dann Sprüche wie: „Das Zuhause kann doch keiner ersetzen.“ Oder: „Die Eltern denken nur an sich, die sind nur zu egoistisch, um ihr Kind zu Hause zu behalten“. Auch wenn solche Aussagen nicht laut geäußert werden, geistern sie oftmals im eigenen Kopf herum. Möglicherweise hat man früher selbst so gedacht, wenn man von anderen hörte, dass sie ihr Kind „weggegeben“, es „ins Heim gesteckt“ oder es „abgeschoben“ haben.

So entsteht oft in den Familien eine richtige Symbiose, an eine Trennung mag in einer solchen Situation niemand denken, auch nicht der Erwachsene mit Behinderung. Wieweit da seine eigenen Wünsche mitspielen, wieweit er die Ängste der Eltern spürt, wieweit Gewohnheiten festgefahren sind, ist kaum zu ermitteln.

> ***Ilse Sch.:*** *„Alexander wollte noch nie auf eine Freizeit mitfahren. Einmal haben wir ihn dazu überredet und er ist todunglücklich gewesen. Vom Ausziehen dürfen wir in seiner Gegenwart gar nicht sprechen. Da wehrt er sich mit Händen und Füßen dagegen. Auch ein Versuch mit dem Probewohnen ging total schief, da hatte einfach niemand genug Zeit für ihn und obwohl er einige Mitbewohner aus der Werkstatt kannte, hat er sich einfach nicht zu Hause gefühlt. Im Moment haben wir das Thema wieder fallen lassen, solange es geht, behalten*

wir ihn eben noch bei uns. Wenn es denn sein muss, dass er einen Platz braucht, weil wir nicht mehr können oder nicht mehr da sind, dann werden wir weitersehen. Jedenfalls hat er bis dahin zumindest eine schöne Zeit gehabt."

Nicht zu unterschätzen sind in diesem Zusammenhang zwei weitere Aspekte. Zum einen bildet sich eine Art Zweckgemeinschaft heraus: Die Tochter hilft im Haushalt, die Mutter unternimmt am Wochenende etwas mit ihr. So sind beide nicht allein, sie unterstützen sich gegenseitig. Dabei kann auch die finanzielle Seite entscheidend sein. Sehr viele Mütter haben auf eine eigene Berufstätigkeit verzichtet und sich weit über das normale Maß hinaus der Förderung und Erziehung gewidmet. Nicht nur, dass ihnen das Geld fehlen würde, das sie bekommen, solange ihr Kind bei ihnen lebt, sie könnten ihm auch nichts extra mehr bieten, weil sie kaum selber zurechtkommen.

Antje K.-H.: *„Niels ist mir eine so große Hilfe, dass ich nicht auf ihn verzichten kann. Meine anderen beiden Kinder leben längst nicht mehr zu Hause, sie sind beruflich an anderen Orten gebunden. Und seit mein Mann gestorben ist, brauche ich Niels. Nicht nur, dass er mir bei vielem hilft – ich kann z. B. meine Einkäufe nicht mehr selber die Treppe hoch tragen, ich freue mich auch, nicht allein in der Wohnung zu sein. Und zusammen können wir es uns immer noch sehr schön machen. Ich könnte mir nicht vorstellen, wie ich ohne ihn leben sollte, weder gefühlsmäßig noch finanziell."*

Waltraud K.: *„Die Tatsache, dass Tommy in ein Wohnheim ziehen würde, würde mich um fast mein ganzes Einkommen bringen. Pflegegeld würde ich nur noch tageweise bekommen, wenn er in den Ferien zu Hause ist und auch die Grundsicherung würde komplett weggefallen. Und meine Rente – darüber kann man nur lachen, denn ich habe ja nicht lange ‚gearbeitet'. Als ob es keine Arbeit wäre, sich um ein schwerstbehindertes Kind zu kümmern! Von dem, was mir nach Tommys Auszug bleiben würde, könnte ich nicht einmal mehr die Miete für meine Wohnung bezahlen. Oder vielleicht gerade die Miete und dann nichts anderes mehr! Ich bin wirklich nicht geldgierig, aber ich kann doch nicht in einer Abstellkammer mein Leben fristen, nur weil ich mich um ihn gekümmert habe."*

Betty W.: *„Ich denke durchaus auch an meine eigene Lebensqualität. Jahrelang hat Tanja mich gebraucht und ich hatte keine Chance auf ein eigenes Leben und eine angemessene Altersvorsorge. Jetzt brau-*

che ich sie. Und sie hat es gut bei mir. Es ist ja nicht so, dass ich ihr Geld nur für mich ausgebe, aber gemeinsam können wir uns Kino- und Konzertbesuche leisten und schöne Ausflüge machen, da haben wir beide etwas davon. Und warum soll sie dafür fremde Begleiter bezahlen?"

Manchmal unbewusst, aber häufig als Triebfeder bestimmend, ist der emotionale Aspekt. Wohin mit all der Liebe und Fürsorge, die bisher dem behinderten Angehörigen gegolten hat? Umgekehrt ist es genauso. Eltern empfangen eine ganz besondere Art der Zuneigung von ihrem behinderten Kind. Der Verzicht darauf ist besonders hart, wenn die Partnerschaft nicht mehr so gut läuft oder gar, wenn ein Elternteil alleinstehend ist. Es ist schön, zu spüren, dass man für einen anderen da ist und geliebt wird. Gebraucht zu werden kann das Leben sinnvoll machen. Die Frage ist nur, warum dieses Gefühl nach dem Auszug wirklich aufhören sollte.

Heidrun B.-R.: *„Heike ist die einzige, die mich in den Arm nimmt, sonst habe ich niemand mehr, seit mein Mann sich vor fünfzehn Jahren von mir getrennt hat. Ich glaube, das hält mich am Leben. Wenn sie von der Werkstatt kommt, geht für mich die Sonne auf. Sie spürt auch, wie ich mich freue, das weiß ich, auch wenn sie es nicht mit Worten sagen kann. Eigentlich verbringe ich meine Zeit hauptsächlich damit, für unser gemeinsames Leben zu sorgen, auf sie zu warten und mich um sie zu kümmern. Was soll ich sonst den ganzen Tag machen? Ich kann doch nicht ewig vor dem Fernseher sitzen. Ich war schließlich die ganzen Jahre nur für meine Familie da, das war mein Lebensinhalt."*

All diese Überlegungen sind nachvollziehbar und verständlich, schieben aber das eigentliche Problem nur hinaus: Was geschieht, wenn die Eltern nicht mehr für das Kind da sein können?

Ausziehen – wohin?

Für die unterschiedlichen Wohnformen, die für Menschen mit Behinderung zur Verfügung stehen, gibt es keine offiziell festgelegte Liste von Bezeichnungen. Man unterscheidet zwar grundsätzlich zwischen vollstationären Einrichtungen und ambulantem Wohnen, aber der Begriff „Wohnstätte" z. B. dient manchmal als Oberbegriff für Wohnheime und Wohngruppen, anderswo spricht man von Wohnstätten, wenn man das meint, was traditionell Wohnheim hieß. Das Wort Wohnheim wird heute gern vermieden, es weckt zu viele Anklänge an Altersheim, Pflegeheim. „Heim“, „Großeinrichtung“ und „Anstalt“ bedeuten für viele dasselbe. Jemanden „ins Heim geben“ klingt auch heute noch anrüchig, ist häufig abwertend gemeint. Andererseits wurde dieser Name ursprünglich oft gewählt, weil man die Assoziation mit „daheim“ und „eine Heimat finden“ fördern wollte. Man muss sich also jeweils an Ort und Stelle um die Terminologie kümmern und genau hinschauen, was sich hinter dem Begriff verbirgt. Unabhängig von der Größe der Einrichtung jedoch gibt es wohl nirgends mehr solche riesigen Stationen oder Abteilungen wie es früher üblich war. Auch in den großen Häusern leben die Bewohner in kleinen Wohngruppen zusammen. Die Gruppengröße ist nicht sehr unterschiedlich, das Maximum von zehn bis fünfzehn dürfte wohl kaum irgendwo überschritten werden. So wird es einem Menschen mit Behinderung erleichtert, sich in einem überschaubaren familienähnlichen Verbund zu Hause zu fühlen.

Traditionelle Wohnmodelle

Die wohl älteste Form des Zusammenlebens von Menschen mit Behinderung findet sich in großen Einrichtungen. Im Zeitalter der Aufklärung, im 17. und 18. Jahrhundert kam man auf den Gedanken, geistig Behinderte hätten Entwicklungsmöglichkeiten, seien vielleicht sogar zu heilen. Aber erst im 19. Jahrhundert wuchs das Verantwortungsbewusstsein für diese Menschen. Es entstanden, meist aus christlichem Geist gegründet, die großen Anstalten, die wir auch heute noch kennen. Bethel bei Bielefeld, die Alsterdorfer Anstalten in Hamburg, das Franziskuswerk Schönbrunn in der Nähe von München, Neuendettelsau in Franken – um nur einige der in Deutschland bekanntesten Namen zu nennen. Vorwiegend Geistliche und Orden wagten den Schritt, in Behinderten nicht mehr Krüppel und Idioten zu sehen, sondern Menschen mit Rechten und Fähigkeiten. Aus diesen Anstalten sind zumeist große Zentren geworden, sie liegen am Stadtrand oder außerhalb der Städte und nehmen neben der Betreuung vielfältige Aufgaben wahr.

Die meisten Eltern lehnen es zunächst einmal ab, ihr Kind in eine solche Großeinrichtung zu geben. Als Gründe werden meistens genannt: die Ghettoisierung, die Zusammenballung von Behinderten und die Entfernung vom Wohnort. Allerdings kann es unterschiedlichste Argumente dafür geben, doch eine solche Wahl zu treffen. Gerade die Lage außerhalb der Städte ist für gefährdete junge Menschen oft ein Vorzug. Sie haben mehr Bewegungsfreiheit, ohne dass das Risiko zu groß ist.

> ***Irmgard H.:*** *„Michael ist sehr selbstständig – fast zu selbstständig manchmal. Er fuhr mit seinem Fahrrad kreuz und quer durch München und ich wusste nie, wo er sich herumtrieb. Ich hatte ständig Angst um ihn, denn er konnte Gefahren überhaupt nicht einschätzen. Einmal kam er erst spät in der Nacht nach Hause und hatte 100,– € bei sich. Ich weiß bis heute nicht, womit er sich die ‚verdient' hat, denn er war klug genug, mir Dinge zu verschweigen, von denen er wusste, dass ich sie nicht gebilligt hätte. Seit er in A. ist, ist mir eine Last von den Schultern genommen. Es gibt dort genug Raum und Menschen, so dass er weiterhin unternehmungslustig sein kann, aber alles spielt sich in einem überschaubaren und kontrollierbaren Rahmen ab."*

Die Anstalten, aus denen häufig kleine Dörfer geworden sind, bieten eine Vielzahl von Freizeitangeboten, die nur durch die große Zahl der Bewohner möglich sind, denn welches kleine Wohnheim kann sich Sportplätze, ein Wirtshaus, verschiedene Clubs oder ähnliches leisten?

> ***Susanne K.:*** *„Als wir für meinen Bruder eine neue Heimat suchten, waren wir auch in einer großen Anstalt in unserer Nähe. Eigentlich bin ich nur widerstrebend mitgefahren, denn ich konnte mir Alexander nicht so fern von uns auf dem Land vorstellen. Es gab ja nicht einmal eine Busverbindung! Aber von dem Dorf selber war ich total angetan. Die Leute kannten sich alle, sie konnten mit einer Gruppe Fußball spielen, mit einer anderen schwimmen gehen, so dass sie nicht immer auf die wenigen Mitbewohner eines Wohnheims in der Stadt angewiesen waren. Sie hatten sogar ein eigenes Reisebüro und eine Art Partnervermittlung. Außerdem gab es die unterschiedlichsten Wohnformen, von Pflegestationen bis zu selbstständigen Wohngruppen. Tagsüber kamen Kinder von außen in die angegliederte Schule und viele Studenten machten dort ihre Ausbildung. Ich war echt positiv überrascht und fand es gar nicht mehr so abwegig, Alexander dorthin ziehen zu lassen. Stadtbummel und Remmidemmi waren sowieso nie seine Sache gewesen. Das Einzige, was mich gestört hat, war, dass es so wenig Einzelzimmer gab."*

Manche dieser Einrichtungen sind bekannt als Zentrum für bestimmte Arten von Behinderung. Viele Eltern z. B. fahren nach Bethel, wenn ihre Kinder wegen ihrer oft schweren Epilepsien behandelt und eingestellt werden müssen. In den Wohngruppen arbeitet fachkundiges Personal, Ausbildungen z. B. als Heilerziehungspfleger oder für andere Berufe werden angeboten, Kongresse und Seminare finden statt. Das geht besonders gut in einer solchen großen Einrichtung. Auch neue Formen des Wohnens und Lebens können erprobt werden, denn man hat ja das Zentrum im Hintergrund und muss nicht gleich die ganze Gemeinschaft umkrempeln. So schickten z. B. die Alsterdorfer Anstalten schon vor vielen Jahren ihre Musikband, die „Station 17“ auf Tournee. In Außenwohngruppen wird das selbstständige Leben trainiert, neue Personenkreise können betreut werden, Mutter-Kind-Häuser, Wohnungen für Paare tragen neuen Anforderungen Rechnung.

Viele dieser Häuser sind schon modernisiert worden, aber es ist natürlich ein langer Weg, z. B. aus den Zweibett- oder Mehrbettzimmern Einzelzimmer zu machen, da reicht oft das Geld nur von einem Schritt zum anderen.

Anthroposophische Lebensgemeinschaften

Eine besondere Form des Wohnens findet sich in den anthroposophischen Lebensgemeinschaften. Im Jahre 1939 begründete der Arzt Dr. Karl König mit einer Gruppe österreichischer Exilanten in Schottland die Camphill-Bewegung, die auf der Grundlage anthroposophischer Lebensphilosophie eine ganz andere Art des Zusammenlebens verwirklichte. Menschen mit Behinderung, „seelenpflegebedürftige“ Menschen lebten in Gemeinschaft mit den Familien. Die Camphill-Bewegung unterhält heute weit über 100 Einrichtungen in vier Erdteilen.

In einer anthroposophischen Lebensgemeinschaft stehen so genannte Hauseltern einer Familie vor, in die sie mehrere behinderte Menschen aufnehmen. Häufig leben eigene Kinder mit im Familienverbund. Die Dorfgemeinschaften liegen auf dem Land, man betreibt ökologischen Landbau, hält Tiere und lebt nicht nur von den eigenen Produkten, sondern verkauft sie auch. Die Werkstätten der meisten Dörfer sind heute als WfbM (Werkstätten für behinderte Menschen) anerkannt und werden, ebenso wie der Unterhalt, auf die gleiche Art gefördert und finanziert wie die Einrichtungen anderer Träger. War der Beginn häufig geprägt von strengen Regeln und Maßgaben, so haben sich die meisten Lebensgemeinschaften inzwischen geöffnet und beziehen neue, zeitgemäße Ideen in ihr Konzept ein. Vielerorts gibt es Außenwohngruppen, in denen selbstständige Bewohner mit lockerer Betreuung ohne Hauseltern wohnen, Radio, CD-Spieler, Fernsehen und Handys werden, in der Benutzung kontrolliert, toleriert. Paarbeziehungen gehören zum Alltag und die Verbindung zur Familie wird gefördert.

> **Silvia H.:** *„Als ich mir vor fast dreißig Jahren das erste Mal eine anthroposophische Lebensgemeinschaft angeschaut habe, hat mich fast der Schlag getroffen. Die Kinder durften nach ihrem Einzug monatelang keinen Kontakt mit den Eltern haben, um Heimweh zu vermeiden. Angehörige waren nur zweimal im Jahr erwünscht, zu einem großen Besuchstag, wo man dann völlig unterging. Junge Frauen und Männer konnten sich auf dem Flur in einer kleinen Sitzecke begegnen, Sexualität existierte nicht.*
>
> *Heute lebt mein Sohn in einer solchen Gemeinschaft, er hat mit seiner Freundin gemeinsam ein schönes großes Zimmer, arbeitet im Haus und in der Bäckerei. Er kann uns besuchen und auch wir können kommen, wann immer wir wollen. Der Fernsehkonsum ist eingeschränkt, aber es gibt ja genügend andere Aktivitäten, mit denen man sich die Zeit vertreiben kann. Besonders schön finde ich das Leben mit der Natur, mit den Tieren. Das Dorf liegt so wunderschön, das Leben verläuft so beschaulich und ohne Hektik, dass mich bei jedem Besuch die Lust packt, ganz dort zu bleiben.“*

Bunte Wohnlandschaft

Nach dem zweiten Weltkrieg musste in Österreich und Deutschland die Behindertenarbeit wieder neu beginnen, zu lange hatte man Angehörige verstecken müssen oder gar erlebt, dass sie der Euthanasie zum Opfer fielen. Zunächst gab es nur die Möglichkeit, auf die Einrichtungen zurückzugreifen, die noch existierten, das hieß in den meisten Fällen auf kirchliche Heime. Meistens wurde den Eltern schon bei der Geburt eines Kindes mit Behinderung der Rat gegeben, eine Unterbringung zu suchen. Spätestens im Schulalter dann war es für die meisten soweit, denn Schulen oder andere Fördermöglichkeiten existierten noch nicht.

> ***Bernd F. (1950):** „Unser Sohn konnte dann aber zu Hause nicht mehr gefördert werden. Wir waren weder dafür ausgebildet, noch hatten wir die Zeit dazu. Er lief zwar ohne größere Probleme mit im Alltag, aber wir sahen, dass er noch viel lernen konnte, wenn man sich mit ihm beschäftigte, und das konnten wir nicht. So brachten wir ihn im Alter von acht Jahren schweren Herzens in eine Schwachsinnigen-Bildungsanstalt, die 180 Kilometer entfernt lag. Wir konnten ihn nicht sehr häufig sehen, denn wir hatten ja damals kein Auto."*

Immer mehr Eltern begannen sich zu fragen, ob es keine anderen Alternativen geben könnte. Aus dem Anliegen heraus, Kindern mit Entwicklungsverzögerungen mehr Chancen zu verschaffen, gründete sich 1958 in Marburg die Elternvereinigung Lebenshilfe, damals „Lebenshilfe für das geistig behinderte Kind". Als die Kinder dieser Elterngeneration heranwuchsen, wurde deutlich, dass auch der Erwachsene mit Behinderung Unterstützung für sein Leben braucht. Die Lebenshilfe vertrat von Anfang an bestimmte Grundsätze, die für ihre Zeit bahnbrechend waren: Erwachsene sollten in kleinen überschaubaren Gruppen zusammenleben, sie sollten in ihrem gewohnten Umfeld bleiben können und nicht durch einen zwangsweisen Umzug alle gewachsenen sozialen Kontakte verlieren. Sie sollten Rückzugsmöglichkeiten haben, das bedeutete Einzelzimmer, und es wurden Grundsätze erarbeitet, die den Umgang miteinander bestimmten.

Natürlich war die Lebenshilfe nicht die einzige Gründerin kleiner Wohneinrichtungen, es gab sie vorher, gleichzeitig und später. Aber sie gab der Entwicklung eine ungeheure Triebkraft. Zum ersten Mal überließen Eltern es nicht Ärzten oder Behörden, über das Wohl ihres Kindes zu bestimmen, sondern solidarisierten sich und ergriffen selbst die Initiative. In dieser Phase entstanden nach und nach fast flächendeckend Wohnheime, in denen acht, zehn oder zwölf Erwachsene eine Gemeinschaft bilden. Die gesetzlichen Grundlagen und die öffentliche finanzielle Förderung wurden verankert.

Viele Träger begannen damit, eigene Häuser zu kaufen oder zu bauen. Dazu kamen angemietete Wohnungen, die Integration in ein Wohnhaus mit Nichtbehinderten war ein wichtiger Schritt. Inzwischen ist die Wohnlandschaft noch weiter aufgefächert: Träger bieten Wohnungen an für Wohngemeinschaften, für Menschen, die allein leben möchten, aber Hilfe brauchen (Einzelwohnen), vielerorts gründete man Eltern-Kind-Wohnungen, Paarwohnen wird ermöglicht.

Kleine Elterninitiativen setzten um, was sie sich für eine Zukunft nach der Schulzeit vorstellten. Das Stadthotel in Hamburg ist eine der ersten erfolgreichen Unternehmungen dieser Art. Leben und arbeiten im Hotel, das hatte sich eine Gruppe von Eltern, deren Kinder schon gemeinsam die Schule besucht hatten, auf die Fahne geschrieben. Ohne das intensive Engagement der Eltern, die sich zum Teil fast „hauptberuflich“ um die Sache kümmerten, wäre aus dem Plan sicher nichts geworden. Dieser Verlauf ist typisch für solche Vorhaben. Wenn nicht ein Mensch oder zumindest eine kleine Gruppe den Motor bildet und unablässig am Ball bleibt, verlaufen die besten Ideen schnell im Sande. Ähnlich war es auch bei „Gemeinsam leben lernen“, einer Münchner Initiative mit dem Konzept, Studenten und Behinderte unter einem Dach leben zu lassen. Finanzierung und Behördengänge erfordern viel Ausdauer und Energie. Sich durch den Dschungel der Vorschriften zu kämpfen ist nicht jedermanns Sache. Gerade in einem Alter, wo nicht behinderte junge Menschen die Verantwortung für ihr Leben selbst übernehmen und die Eltern sich einmal zurücklehnen und ausruhen können, beginnt hier eine neue intensive Aufgabe, der sich nicht jede Mutter oder jeder Vater gewachsen fühlt.

Auch wenn ein solches Modell einmal besteht, kann man sich noch lange nicht zur Ruhe setzen. Obwohl grundlegende Ideen der Konzepte nach wie vor das Zusammenleben tragen, muss man sich immer wieder veränderten Gegebenheiten anpassen. Das können neue rechtliche Grundlagen sein, veränderte Ausführungsbestimmungen oder Veränderungen in der persönlichen Situation der Bewohner. Im Stadthotel z. B. ist die Gruppe, die im Hotel arbeitet, nicht mehr identisch mit der Gruppe, die dort auch wohnt. Bei „Gemeinsam leben lernen“ tauchte allmählich die Schwierigkeit auf, dass die Bewohner immer älter wurden, während die jeweils nachrückenden Studenten naturgemäß jung blieben. Da gilt es dann, das Konzept immer wieder zu überarbeiten, sich umzustellen und neu anzufangen. In der Regel sind solche kleinen Initiativen flexibler als größere, sie können schnell reagieren. Auf der anderen Seite aber sind sie manchmal überfordert. Was geschieht, wenn jemand nicht mehr arbeitsfähig ist oder gar pflegebedürftig wird? Da bieten die großen traditionellen Anstalten oder Einrichtungsträger eine gewisse Sicherheit, denn sie betreuen sozusagen „von der Wiege bis zur Bahre“.

Um eigene Ideen zu verwirklichen, werden in den meisten Fällen gemeinnützige Vereine gegründet. Das hat den Vorteil der Steuerfreiheit, außerdem muss man nicht als Einzelperson den Behörden gegenübertreten und trägt nicht allein die Verantwortung für das Projekt. Natürlich unterliegt man den gesetzlichen Bestimmungen. Wenn vorgeschrieben ist, dass die Mindestgröße für ein öffentlich gefördertes

Wohnheim bei sechs Wohnplätzen besteht, dann kann man zwar eine Kleinstgruppe für vier Freunde bilden, muss sich dann aber um eine andere Art der Finanzierung bemühen.

> ***Silvia R.-E.:*** *„Kevin ist ja erst acht Jahre alt. Aber natürlich mache ich mir jetzt schon Gedanken über seine Zukunft. Ich stelle mir vor, dass er mit drei oder vier Freunden in einer eigenen Wohnung lebt und dort von Professionellen unterstützt wird. Ich hoffe sehr, dass ich das irgendwie hinkriege."*

Wenn Sie sich auf die Suche begeben nach einer Wohnmöglichkeit für Ihren Angehörigen mit Behinderung, sollten Sie sich ein paar Fragen vorab überlegen:

- Ist jemand in der Lage allein zu leben ohne zu vereinsamen oder ist er besser in einer Gemeinschaft aufgehoben? Wie stark „betreut" sollte seine Wohnform sein?
- Gibt es eine Lebensausrichtung (religiös, anthroposophisch, ...), eine Konzeption, die ihm/ihr und uns wichtig ist?
- Wie weit entfernt von unserem Wohnort darf die Unterbringung sein?
- Welche Sicherheit brauche ich, damit mein Sohn/meine Tochter dort dauerhaft betreut wird, auch wenn er/sie arbeitsunfähig oder pflegebedürftig ist?
- Wie wichtig ist mir die Zusammensetzung der Gruppe?
- Wie werden Wohnen und Arbeiten miteinander in Einklang gebracht?
- Welche Entwicklungsmöglichkeiten sehe ich in dieser Einrichtung? Welches Förderkonzept liegt ihr zugrunde?
- Wie ist die personelle und materielle Ausstattung der Einrichtung?
- Kann ich die Motivation der Mitarbeiter einschätzen? Wie ist ihr Umgang mit den Eltern?

Der Weg zu mehr Selbstbestimmung

Seit einigen Jahrzehnten ist die Forderung nach Selbstbestimmung für Menschen mit Behinderung immer stärker geworden. Organisationen wie „people first" fordern ein Ende der Bevormundung. Sie wollen nicht abhängig sein vom guten Willen einzelner, sondern ihnen zustehende Rechte selbst wahrnehmen. Damit geht einher, dass man Bezeichnungen nicht mehr verwendet, die aus dem Kinderbereich kommen oder ein Abhängigkeitsverhältnis ausdrücken. „Betreuung" entmündigt den Betreuten weitgehend, man spricht deshalb heute eher von „Unterstützung" oder „Assistenz", um deutlich zu machen, dass der Mensch mit Behinderung der Kunde oder sogar der Arbeitgeber ist, der nicht von oben betreut wird, sondern für bestimmte Aufgaben Assistenz braucht, weil er sie nicht ohne Hilfe bewältigen kann.

Der Ausdruck „Betreutes" Wohnen orientiert sich also eher an der bekannten Form, bei der ein Träger der Anbieter ist. „Unterstütztes" Wohnen eher an der selbstbestimmten Form, bei der ein Mensch mit Behinderung die benötigten Unterstützungsleistungen selbst einkauft, was er natürlich auf dem freien Markt bei Service-Anbietern oder bei einem Träger mit Hilfe des Persönlichen Budgets machen kann. „Ambulantes" Wohnen ist ein relativ neutraler Ausdruck, der beide Möglichkeiten umfasst und deshalb gern verwendet wird.

Ablösen üben

Sicher können sich die meisten von Ihnen daran erinnern, wie aufregend es war, als Kind bei einem Freund oder einer Freundin zu übernachten, manchmal allein, manchmal mit mehreren. Und der erste Urlaub ohne Eltern, welch Gefühl von Freiheit und Selbstständigkeit! All diese Erlebnisse bleiben Kindern und Jugendlichen mit Behinderung meist verwehrt. Den langsamen Abnabelungsprozess, der damit verbunden ist, können sie nicht vollziehen. Umso wichtiger ist es, schon während der Schulzeit Gelegenheiten wahrzunehmen, wo sie sich bewähren können.

- Nutzen Sie die Chance, Ihr Kind bei Freunden, Großeltern, Verwandten übernachten zu lassen.
- Lassen Sie Ihr Kind teilnehmen an Freizeiten in Kindergarten, Schule oder in anderen Gruppen.

- Unterstützen Sie die Teilnahme an Clubabenden, Musikgruppen, im Sportverein oder am Schwimmunterricht usw.
- Übertragen Sie Ihrem Kind immer mehr die Verantwortung für sich selbst, erweitern Sie seinen Entscheidungsspielraum und seine Handlungsfreiheit.
- Orientieren Sie sich so weit wie möglich am Normalitätsprinzip: Auch Kinder ohne Behinderung gehen manchmal ohne Mütze aus dem Haus, obwohl es bitter kalt ist.

All diese Unternehmungen führen zu Erfahrungen der eigenen Möglichkeiten, eröffnen neue Horizonte, stärken das Unabhängigkeitsgefühl und lösen allmählich die oft zu enge Bindung an das Zuhause.

> ***Angela F.:*** *„Richtig stolz war ich, als Judith mir eröffnete, sie wolle jetzt auch mit ihrer Freundin in den Jugendclub gehen. Auch mit ihren eingeschränkten Möglichkeiten nimmt sie so doch Möglichkeiten wahr, ihr Leben selbst zu gestalten."*

Oft wollen Kinder mit Behinderung zunächst gar nichts ohne die Eltern unternehmen, sie haben Angst vor dem Fremden und Neuen, und es braucht viel Fingerspitzengefühl, sie auf diesen Weg zu führen. Häufig sind es aber auch die Eltern, die Angst haben, dass ihr Kind nicht rund um die Uhr richtig versorgt wird, so wie es das zu Hause gewöhnt ist. Das ist sicher berechtigt, denn die Betreuung durch Erzieher und Lehrer ist anders als die durch Angehörige. Aber gerade diese Erfahrung ist wichtig. Nur so können Menschen mit Behinderung lernen, dass sie nicht allein auf die Eltern angewiesen sind.

> ***Ingrid W.:*** *„Als mein Sohn von der einwöchigen Freizeit mit einem Koffer voll sauberer Klamotten und in ziemlich verdrecktem Aufzug zurückkam, war ich zunächst mal ganz schön entsetzt. Hatten die Betreuer überhaupt nicht darauf geachtet, dass er sich täglich frisch anzieht? Aber er strahlte und war rundum zufrieden."*

Auch die Eltern erleben, dass es mal „ohne sie" geht, vielleicht sogar, dass ihr Kind ungeahnte Kräfte entwickelt, wenn es in einer ungewohnten Umgebung ist. Schlechte Erfahrungen sollten niemand von weiteren Versuchen abhalten, auch im Leben von Kindern ohne Behinderung misslingt z. B. manchmal ein Urlaub mit Freunden, und man kommt zerstritten zurück. Zum Erwachsenwerden gehören unterschiedlichste Erlebnisse, die Familie kann nicht das ganze Leben hindurch der einzige Bezugspunkt sein. Fehlen diese kleinen Schritte auf dem Weg zur Selbstständigkeit, stößt der Vorschlag zum Auszug leicht auf Ablehnung und Unwillen. Das Verlassen des Elternhauses wird als abrupter Abbruch der bisherigen Lebensweise empfunden, der dem Menschen mit Behinderung unverständlich bleibt. Schon im Verlauf der Schulzeit können Sie immer wieder

- mit anderen Eltern über Ihre Vorstellungen sprechen
- sich über Wohnmöglichkeiten informieren
- sich Einrichtungen anschauen, am besten gemeinsam mit anderen
- innerhalb der Familie überlegen, wie es weitergehen soll.

Viele Träger bieten Kurzzeitplätze oder Trainingswohnen an. Während der Ferien, bei Krankheit oder um einmal allein Urlaub zu machen, sollten Sie diese Möglichkeit nutzen. Es ist sozusagen ein Hineinschnuppern in das Wohnen außerhalb des Elternhauses – mit der Rückversicherung, dass es noch nicht für immer ist. Vielleicht konkretisiert sich dadurch die Vorstellung davon, was es heißt, erwachsen zu sein und kein „Kind" mehr.

Allerdings kann dieser Versuch auch ziemlich ins Auge gehen. Man sollte ihn deshalb gut vorbereiten und die Betreuer informieren über Verhaltensweisen, Probleme, Ängste und Vorlieben des zu Betreuenden. Auch den jungen Menschen sollte man positiv einstimmen. Eine wirkliche Eingewöhnung ist in einer so kurzen Zeit nicht möglich. Auch die Gruppe bemüht sich vielleicht nicht so um den neuen Bewohner, denn er wird sie ja doch wieder verlassen. Der Kurzzeitplatz wird immer wieder von anderen neu belegt, das ist für die ständigen Bewohner anstrengend und lästig und sie begegnen Ihrem Sohn oder Ihrer Tochter sicher nicht mit der gleichen Bereitschaft, als wenn es sich um einen dauerhaften Einzug handeln würde. Wenn der Aufenthalt außerdem mit einem Schock verbunden ist (plötzliche Krankheit oder Tod eines Elternteils, familiäre Notsituation) können sich die beiden Vorgänge im Kopf miteinander verbinden. Das verlockt nicht gerade, den Umzug als erfreulichen Schritt zu sehen.

> ***Anita P.:*** *„Theresa war zwei Wochen in einer Wohngruppe hier in unserer Stadt. Ich kannte den Leiter und viele Mitbewohner und hatte mir viel davon versprochen. Aber sie war total unglücklich. Zwei Wochen sind ja auch viel zu kurz, sie hatte Heimweh und konnte die*

> *neuen Möglichkeiten gar nicht sehen, geschweige denn nutzen. Obwohl alle sehr nett zu ihr waren und die Betreuer sich große Mühe gegeben haben, hatte das Ganze leider den Effekt, dass sie jetzt noch weniger zum Ausziehen bereit ist als vorher."*

Aufnahme in eine Wohnstätte

Einen Wohnplatz zu finden, ist nicht gerade einfach. Die Wege dahin sind sehr unterschiedlich. Normalerweise melden Sie Ihr Interesse bei dem Träger der Wohneinrichtung und lassen sich auf die Warteliste setzen. Das bedeutet aber, dass Sie abwarten müssen, bis ein geeigneter Platz frei wird. Und wann das der Fall ist, kann man nicht vorhersehen. Es gibt aber auch gänzlich unorthodoxe Wege. In Gesprächen mit anderen Eltern hört man manchmal von Möglichkeiten, von denen man offiziell nichts erfahren würde.

> **Hannelore M.:** *„Zufällig hörte ich, dass in einem 60 Kilometer entfernten Ort ein Wohnpflegeheim gebaut worden sei und durch den Umzug einiger Behinderter im normalen Wohnheim Plätze frei würden. Als ich dort anrief, sagte mir die Leiterin, dass sie normalerweise nur Leute aus dem eigenen Landkreis aufnehmen. In diesem Fall jedoch hätten sie auf einmal mehrere freie Plätze, die aus Kostengründen nicht zu lange leer bleiben dürften. Sie könnte sich also vorstellen, dass die Finanzierung für meinen Sohn möglich wäre, obwohl der Landkreis eigentlich nicht für ihn zuständig wäre."*

Wenn man nicht gerade in einer akuten Notlage und unter Zeitdruck ist, heißt es also immer wieder: herumhören, Gespräche führen, Informationen sammeln, sich vormerken lassen. Eventuell bedeutet es auch, dass man versucht, so weit wie möglich Druck auf den Träger auszuüben, damit neue Wohnplätze geschaffen werden. Natürlich kann man das nicht als Einzelner, da müssten sich schon mehrere Eltern zusammenschließen.

Wenn klar ist, in welche Richtung der weitere Lebensweg in Bezug auf das Wohnen gehen soll, müssen einige Schritte getan werden, um die Vorstellungen zu realisieren. Wie intensiv die einzelnen Phasen sind, wie lange sie dauern, hängt von den jeweiligen Gegebenheiten ab. Es ist sicher ein Unterschied, ob man in einem kleinen Ort wohnt, wo man bekannt ist und auch selber die „Behinderten-Szene" genau kennt oder ob man in einer Großstadt lebt und sich während der ganzen Schulzeit noch nicht um das Thema Wohnen gekümmert hat.

Grundsätzlich jedoch laufen bei den meisten Trägern von Wohneinrichtungen die Vorgänge ähnlich ab, manchmal in größeren zeitlichen Abständen, manchmal eher parallel:

- Schriftliche Bewerbung um einen Wohnheim-/Wohnstätten-/Wohngruppenplatz oder um eine Aufnahme ins ambulante Wohnen
- Erstgespräch mit dem zuständigen Mitarbeiter (Wohnheimleiter, Bereichsleiter, Geschäftsführer)
- Lesen der Unterlagen (Heimvertrag, gegebenenfalls Hausordnung bzw. Regeln für das Zusammenleben)
- Kennenlernen der Gruppe
- Probewohnen
- Auswertung des Probewohnens/weitere Gespräche (z. B. über den Wohnstättenvertrag, die Finanzierung usw.)
- Abklärung der Kostenübernahme durch den Kostenträger
- Festlegen des Einzugstermins
- Gespräche über Modalitäten des Umzugs (z. B. eigene Möbel oder Übernahme vorhandener Einrichtungsgegenstände)
- Einzug

In der Wohnstätte und bei den Mitarbeitern laufen zeitgleich noch andere Prozesse:

- Der interne Bedarf (Umzüge von einer Wohnstätte in die andere) und eine eventuelle Warteliste werden überprüft.
- Eine Vorauswahl unter den eingegangenen Bewerbungen muss getroffen werden.
- Die Bewohner werden informiert und auf das Probewohnen vorbereitet.
- Unterlagen werden geprüft.
- Das Probewohnen wird durchgeführt.
- Ständige Gespräche mit den Bewohnern, dem Heimbeirat und allen anderen Beteiligten sind notwendig.
- Die Entscheidungsfindung in der Gruppe wird begleitet.

Lassen Sie sich nicht abschrecken, wenn es zunächst um scheinbare Formalitäten geht, ohne Klärung der rechtlichen und finanziellen Grundvoraussetzungen nützen die besten Absichten nichts. Wo so viele Menschen und Ämter beteiligt sind, muss die formale Basis auf jeden Fall in Ordnung sein. Natürlich ist es wichtig, wie Ihr Sohn oder Ihre Tochter sich fühlt, ob er/sie in die Gruppe passt, ob er/sie in der Wohnstätte eine neue Heimat finden kann. Aber, wie gesagt, auch wenn alle menschlichen Komponenten stimmen, wird aus dem Einzug nichts, wenn nicht die Frage der Finanzierung geklärt ist.

Generell regelt das schon mehrfach erwähnte SGB IX die Rehabilitation und Teilhabe behinderter Menschen und ist damit auch die Grundlage der Bestimmungen im Heimgesetz.

Für den Träger eines Wohnheims sind Rechte und Pflichten festgeschrieben im Heimgesetz. Dort ist in §2 z. B. festgelegt:

> „(1) Der Zweck des Gesetzes ist es:
> 1. *die Würde sowie die Interessen der Bewohnerinnen und Bewohner von Heimen vor Beeinträchtigung zu schützen,*
> 2. *die Selbstständigkeit, die Selbstbestimmung und die Selbstverantwortung der Bewohnerinnen und Bewohner zu wahren und zu fördern,*
> 3. *die Einhaltung der dem Träger des Heims gegenüber den Bewohnerinnen und Bewohnern obliegenden Pflichten zu sichern,*
> 4. *die Mitwirkung der Bewohnerinnen und Bewohner zu sichern,*
> 5. *eine dem allgemeinen Stand der fachlichen Erkenntnisse entsprechende Qualität des Wohnens und der Betreuung zu sichern,*
> 6. *die Beratung in Heimangelegenheiten zu fördern sowie*
> 7. *die Zusammenarbeit der für die Durchführung dieses Gesetzes zuständigen Behörden mit den Trägern und deren Verbänden, den Pflegekassen, dem Medizinischen Dienst der Krankenversicherung sowie den Trägern der Sozialhilfe zu fördern.*
>
> (2) *Die Selbstständigkeit der Träger der Heime in Zielsetzung und Durchführung ihrer Aufgaben bleibt unberührt.“*

Ebenso ist vorgeschrieben, dass ein Heimvertrag abzuschließen ist und was darin enthalten sein muss. Für diesen Vertrag gibt es Standardformulare, die aber in der Regel von dem jeweiligen Träger leicht modifiziert werden.

In §8 des Heimgesetzes wird festgelegt, dass der Heimvertrag auf unbestimmte Zeit geschlossen wird, soweit nicht im Einzelfall eine befristete Aufnahme vereinbart wird. Der Träger kann den Heimvertrag nur aus triftigen Gründen kündigen. Auch um welche Gründe es sich hier handeln kann, ist genau beschrieben.

§10 schreibt die Einrichtung eines Heimbeirats vor. Dieser wird normalerweise aus den Bewohnerinnen und Bewohnern gebildet. Sollte das nicht möglich sein, können die Aufgaben von einem Heimfürsprecher wahrgenommen werden. Auch Angehörige oder sonstige Personen des Vertrauens können in den Heimbeirat gewählt werden. Es ist also nicht zwingend notwendig, Eltern im Heimbeirat zu haben.

§11 beschreibt die Anforderungen an den Betrieb eines Heims und nimmt damit den jeweiligen Träger in die Pflicht. Er muss z. B.:

> *„... die Eingliederung behinderter Menschen fördern, den Bewohnerinnen und Bewohnern eine nach Art und Umfang ihrer Betreuungsbedürftigkeit angemessene Lebensgestaltung ermöglichen und die erforderlichen Hilfen gewähren, die hauswirtschaftliche Versorgung sowie eine angemessene Qualität des Wohnens erbringen."*

Auch die Erstellung von Förder- und Hilfeplänen ist nicht freiwillig, sondern gesetzlich bestimmt. Die Pflichten des Trägers sind natürlich umgekehrt die Rechte der Bewohner.

Selbstständig wohnen

Falls ein Mensch mit Behinderung nicht die Hilfe eines Trägers in Anspruch nimmt, gilt für ihn zunächst einmal das gleiche Vorgehen wie für jeden anderen. Er (bzw. sein gesetzlicher Betreuer) muss eine Wohnung anmieten und einen Mietvertrag ausfüllen. Viele Behinderte haben Anspruch auf eine Sozialwohnung, denn sie liegen unter der festgelegten Einkommensgrenze.

Zusätzlich muss die Betreuung, Unterstützung, notwendige medizinische und therapeutische Hilfe organisiert werden. Diese Dienste können über das Persönliche Budget finanziert werden. Viele Träger haben sich inzwischen auf diese ambulante Form der Hilfe eingestellt und „verkaufen" ganze Pakete oder einzelne Dienstleistungen. Auch private Organisationen bieten, wie im Bereich der Jugend- und Altenhilfe, Unterstützung an. Sie nennen sich „Wohnhilfe für betreutes Wohnen", „Betreut wohnen" und ähnlich. Man sollte prüfen, wessen Dienste man in Anspruch nimmt, denn fachliche Qualität ist nicht überall gewährleistet.

Ein neuer Lebensabschnitt

Meistens sind Kinder mit einer Entwicklungsverzögerung sehr viel stärker an Elternhaus und Familie gebunden als Gleichaltrige ohne Behinderung. Ihr Außenkontakt ist stärker eingeschränkt, Erfahrungen mit Freundschaften, auch mit wechselnden Beziehungen, können selten erprobt werden. Freizeit, Ferien, Vergnügungen spielen sich meist im Kreis der Familie ab: Eltern fahren mit ihnen in Urlaub, Geschwister nehmen sie mit in die Disco, Freunde der Familie sind auch ihre Freunde, ... Während die Geschwister längst bei Freunden übernachten, allein in die Ferien fahren oder gar für ein Praktikum die Stadt verlassen haben, bleibt für Menschen mit Behinderung das Zentrum im Elternhaus. Der Auszug ist deshalb viel abrupter, viel einschneidender.

> ***Marie-Luise K.:*** *„Klar war Cora schon auf vielen Freizeiten. Das war nie ein Problem. Über Heimweh hat sie allerdings immer geklagt. Und sie war immer glücklich, wieder nach Hause zu kommen. Es war schwer, ihr klarzumachen, dass sie jetzt nur noch ab und zu heimkommt. Sozusagen zwei ‚Heimaten' zu haben, das überstieg ihr Fassungsvermögen."*

Hinzu kommt eine weitere Erschwernis. Menschen mit geistigen Einschränkungen können schlecht abschätzen, was auf sie zukommt. Sehr viele sind jeder Veränderung zunächst einmal abhold, sie mögen keine Unruhe und lieben gefestigte überschaubare Strukturen. Und dann ein so grundlegender Wechsel nicht nur des Ortes, sondern auch der Lebensweise! Denn natürlich geht es in keinem Wohnheim, in keiner Wohngruppe so zu wie im Elternhaus. Was andere junge Erwachsene oft als Herausforderung lieben, bleibt Menschen mit Behinderung unverständlich und macht ihnen Angst.

Mütter konzentrieren sich mit aller Kraft darauf, die Bedürfnisse und Wünsche ihres Kindes zu erkennen. Sie verstehen es, kleinste Regungen zu interpretieren, besonders wenn die Verständigung weitgehend ohne Worte stattfindet. Alles das können die Betreuer in der Wohneinrichtung nicht von Anfang an. So beginnt von beiden Seiten ein Lernprozess. Der junge Mensch muss neue Formen der Äußerung finden, die Mitarbeiter reagieren mit ihren Mitteln und die sind sicher anders als daheim. Das führt am Anfang zu Irritationen, ist aber auch eine neue Chance, sich weiter zu entwickeln. Vielleicht trifft manchmal auch die Interpretation der Mitarbeiter die Wünsche des Behinderten besser als die der Eltern. Auf jeden Fall geht das alles nicht von heute auf morgen und man braucht Geduld für diesen Prozess. Heimweh und Unsicherheit begleiten den Eingewöhnungsprozess.

> ***Matthias H.:*** *„Ich hab die ganze Nacht geweint, ich hatte so viel Heimweh. Aber Dagmar hat mich getröstet. Das war schön."*
>
> ***Anke W.:*** *„Seit einem halben Jahr ist Jakob jetzt in der Wohngruppe. Er ist noch völlig damit beschäftigt, sich einzugewöhnen. Bis jetzt passt er sich total an, die bestehenden Hierarchien übernimmt er einfach. Er muss die einzelnen Mitbewohner erst mal besser kennen lernen und seinen Platz finden."*
>
> ***Irmtraut M.:*** *„Gerrit ist zu Hause nie richtig zu Wort gekommen. Seine Geschwister waren einfach zu schnell für ihn. Meistens hat er auch gar nicht mitgekriegt, worüber sie geredet haben. Da träumte er dann beim Essen oft vor sich hin und war mit seinen Gedanken was weiß ich wo. Nachdem er jetzt vier Jahre in einer Wohngruppe lebt, ist er in dieser Beziehung richtig aufgeblüht. Anscheinend tut es ihm gut, dass er versteht, worüber sie sich unterhalten. Beim Tempo seiner Mitbewohner kann er mithalten und bei den Wohnheimversammlungen macht er durchaus den Mund auf, um seine Themen einzubringen. Am Tollsten finde ich, dass er sich nicht mehr so leicht unterbuttern lässt. Einen stark dominierenden Mitbewohner fertigt er inzwischen kurz mit ‚Meine Sache' ab. Die Betreuer unterstützen ihn auf diesem Weg. Und am Wochenende, wenn er mal wieder zu Hause ist, merke ich die Veränderung auch. Mit der passiven Rolle ist er nicht mehr zufrieden. Er will immer alles ganz genau wissen und seinen Senf dazugeben."*
>
> ***Thomas B. (Mitarbeiter in einem Wohnheim):*** *„Julia hatte zu Hause nie ein Wort gesprochen. Sie konnte ohne Sprache mit ihren Eltern kommunizieren, weil die jede Geste zu deuten wussten – oder es zumindest glaubten. Vielleicht war es aber auch eine Verweigerung, weil sie das Gefühl hatte, dass man ihr sowieso nicht zuhören würde. Im Wohnheim musste sie sich dann behaupten und mit den anderen Bewohnern und den Mitarbeitern zurechtkommen. Da sprach sie plötzlich. Ihre Eltern wollten es lange nicht glauben, dass der Umzug solche Kräfte gefördert hatte."*

Menschen mit Behinderung sind sehr stark im Augenblick verhaftet. Es kann sein, dass es Ihrem Kind gerade ganz gut geht, dass aber in dem Moment, wo Sie anrufen, sich das Heimweh stark wieder einstellt. Natürlich muss man das ernst nehmen und Trost spenden. Es gibt ja immer die Aussicht auf einen nächsten Besuch zu Hause! Aber bleiben Sie auch standhaft, versprechen Sie nichts, was Sie nicht halten können oder wollen, nur um den momentanen Schmerz zu lindern.

> ***Johanna A.:*** *„Jedes Mal, wenn Jörg am Sonntagabend wieder ins Wohnheim fuhr, machte er Theater. Er wollte bei mir bleiben, zu Hause ist es viel besser usw. Klar, da verwöhne ich ihn auch immer ein bisschen und er kann seinen Tag so verbringen, wie er will. Dann habe ich mir immer Gedanken gemacht, ob es ihm wirklich gut geht, bis ich es nicht mehr ausgehalten habe und ihn angerufen habe. Jedes Mal erzählte er mir, dass es ihm gut geht und alles in Ordnung ist. Deshalb gehe ich heute gar nicht mehr weiter auf seinen Abschiedsschmerz ein. Ich sage ihm, dass ich seinen Besuch auch genieße, dass er aber erwachsen ist und nicht immer wie ein Kind bei der Mama sein kann. Damit packe ich ihn natürlich auch etwas an der Ehre, denn erwachsen möchte er schon gerne sein."*

Dass jede Trennung Schmerzen mit sich bringt ist normal. Vergessen darf man aber nicht, dass sie ebenso Chancen bietet. Was zunächst nur aussieht wie ein Verlust an Sicherheit und Geborgenheit kann zu neuem Selbstbewusstsein, zu größerer Unabhängigkeit und Reife führen. Wichtig ist, dass dieser Weg in beiderseitigem Wohlwollen stattfindet und nicht als Machtkampf zwischen Elternhaus und Wohnstätte ausgetragen wird.

> ***Hartmut S.:*** *„Im letzten Urlaub war ich völlig von den Socken, als ich erlebt habe, wie mein Sohn im Fotogeschäft mit dem Verkäufer verhandelt. Ganz ohne meine Hilfe hat er ihn dazu gebracht, die Batterien zu überprüfen und in der Dunkelkammer den Film rauszunehmen, denn die Kamera hatte irgendein Problem. Auf die Frage, ob er einen neuen Film kaufen wolle, antwortete er fröhlich: ‚Hab ich schon', bedankte sich und marschierte raus. Ich stand zum Eingreifen bereit im Hintergrund, aber ich war gar nicht gefragt. Das hätte er früher nie geschafft. Man merkt, wie ihm das selbstständige Wohnen Selbstvertrauen und Mut gegeben hat."*

Wie können Sie Ihrer Tochter/Ihrem Sohn am besten helfen?

- Bleiben Sie in Kontakt, aber rufen Sie nicht täglich an. Lassen Sie allen Beteiligten Zeit, sich an die neue Situation zu gewöhnen.

- Lassen Sie sich kein schlechtes Gewissen machen.
- Geben Sie den Betreuern einen Vertrauensvorschuss. Denken Sie immer daran, dass es auch in ihrem Interesse liegt, dass sich alle wohlfühlen.
- Sprechen Sie mit den Betreuern, aber überfallen Sie sie nicht mit allen möglichen Forderungen. Versuchen Sie freundlich Verständnis für die Besonderheiten Ihres Kindes zu wecken.
- Lassen Sie Ihren Sohn oder Ihre Tochter nicht immer nur nach Hause kommen, fahren Sie selber in die neue Wohnung. Es ist schön, selbst Besuch zu empfangen.
- Sprechen Sie von „nach Hause/zu Hause", wenn Sie die neue Wohnstätte meinen. Daheim ist jetzt eben nicht mehr nur das Elternhaus.
- Stellen Sie klar, dass kleine Konflikte dort gelöst werden müssen, wo sie entstehen, nicht bei Ihnen.
- Spenden Sie Trost und Stärkung, aber sagen Sie auch deutlich: Das ist eure Sache.

> ***Ulrich M.:*** *„Mag ich lieber zu Hause wohnen. Meine Eltern. Geht leider nicht. Jetzt bin ich Wohnheim. Bin gut drauf. Bin selbstständig."*
>
> ***Angelika St.:*** *„Ich lebe schon zehn Jahre in P. Am Anfang war es schwer. Aber ich habe meine Freunde da. Wir haben viel Spaß. Aber manchmal gibt es auch Streit. Dann muss man sich wieder vertragen."*
>
> ***Eva B.:*** *„Am Wochenende fahr ich heim. Nicht jedes Wochenende. Dann bin ich Besuch, muss nicht arbeiten. Nur wenn ich will."*

Lange haben Sie mit Ihrem behinderten Angehörigen den Alltag geteilt, haben sich um alles gekümmert und an allem Anteil genommen. Da entsteht natürlich ein ganz schönes Loch, wenn Sie plötzlich allein sind. Die Gedanken wandern, besonders in der ersten Zeit, immer wieder in die Wohnstätte. Schon morgens ist es ein komisches Gefühl, nicht mehr zu schauen, ob der Sohn pünktlich aufsteht, bei den Mahlzeiten fehlt er am Tisch und am Wochenende ist plötzlich viel freie Zeit da, die gefüllt werden will. Auch wenn man viele Interessen und Freunde hat, bleibt eine Leere, denn bisher hat man bei allen Unternehmungen immer die Frage im Hinterkopf gehabt, wie sich alles unter einen Hut bringen lässt. Plötzlich muss man sein Leben ganz neu strukturieren, nur noch für sich selber planen.

> *Marlies M.: „Ich ertappe mich heute noch dabei, dass ich Sachen in den Einkaufswagen lege, die Svenja gern isst. Ganz unbewusst passiert das. Ich war eben so lange daran gewöhnt, für sie mitzudenken."*

Ebenso schwierig ist es, plötzlich nicht mehr die Verantwortung zu haben. Dass sich das Leben Ihres Kindes nicht mehr unter Ihren Augen abspielt, ist eine Erfahrung, die Angst macht: Geht es dem „Kind" wirklich gut? Wer trifft die kleinen Entscheidungen, aus denen der Alltag besteht? Es gibt unheimlich viele Dinge, die einem plötzlich einfallen, die man immer angepackt hat, ohne lange darüber nachzudenken. Denkt wirklich jemand daran, dem Sohn einen Schal umzubinden, wenn es plötzlich kalt wird? Achtet jemand darauf, ob seine Zahnbürste von Zahnpasta verklebt ist oder ob er sie schon seit zwei Jahren benutzt?

Diese Seite des berühmten „Loslassens" ist besonders schwer. Selbst wenn man ein gutes Gewissen hat, was die Wahl des Wohnplatzes betrifft – niemand wird in einer solchen Form die Verantwortung übernehmen, wie es die Angehörigen, meistens die Mütter, bisher getan haben. Freunde und Außenstehende sehen häufig nur die Arbeitserleichterung und können sich nicht vorstellen, wie schwierig es ist, einen geliebten Menschen in fremde Hände zu geben. Kinder ohne Behinderung entziehen einem normalerweise im Lauf ihrer Entwicklung die Verantwortung für ihr Leben und nehmen es selbst in die Hand. Schon da ist es nicht immer leicht, zuzusehen mit der Befürchtung, dass etwas schief laufen könnte und nicht eingreifen zu können. Wie viel schwerer bei einem Menschen, der immer zu einem mehr oder minder großen Teil abhängig sein wird davon, wie andere mit ihm umgehen.

Es ist ja nicht eine bestimmte Person, die sozusagen die Mutter ablöst. Wechselnde Betreuer, Zivis, Praktikanten, Mitbewohner – alle haben plötzlich mitzureden. Wenn es auch in den meisten Wohngruppen, egal ob in einem großen Heim oder einem kleinen Haus, inzwischen üblich ist, dass für jeden Bewohner ein bestimmter Betreuer (sein Bezugsbetreuer, sein Assistent ...) zuständig ist, so kann dieser doch niemals die Rolle der Mutter übernehmen. Er hat nicht nur einen Menschen besonders im Auge zu haben, sondern er hat auch noch ein Privatleben. Er ist auf eine ganz andere, sachlichere Art mit seinem Schützling verbunden.

Schön ist, dass zunächst einmal wieder ein fremder Blick auf das „Kind“ fällt. Innerhalb der Familie glaubt man sich ja genau zu kennen. Man weiß um die Schwächen und Stärken des anderen und erlebt selten noch Überraschungen. Während der Schulzeit ist es vielleicht ab und zu vorgekommen, dass eine Lehrerin einem Beobachtungen mitteilt, die man ihr kaum glaubt. Im neuen Zuhause ist der Kontakt zwischen Betreuern und Bewohnern viel enger. Seien Sie also nicht allzu erstaunt, wenn man Ihnen mitteilt, dass Ihr Sprössling ein wahrer Temperamentsbrocken ist, während Sie ihn immer für ganz besonders ruhig gehalten haben. Neue Herausforderungen bringen neue Seiten zum Vorschein. Und weil ein zunächst Fremder kein vorgefasstes Bild hat und seinen Umgang danach ausrichtet, entfalten sich vielleicht ungeahnte Talente.

> ***Helga Sch.:*** *„Ich war total geplättet, als ich die Begründung hörte nach dem Probewohnen. Die Gruppe wollte Roman gern aufnehmen, weil er so lustig ist und immer zu Scherzen aufgelegt. Nicht dass er den Clown spielt. Er verblüfft die anderen gern und bringt sie zum Lachen. Als der Hausleiter mir das mitteilte, sah ich meinen Sohn plötzlich mit ganz anderen Augen. Klar, manchmal habe ich auch über ihn und mit ihm gelacht, aber als ein so herausragendes Merkmal habe ich seinen Humor nun doch nicht empfunden. Bei seinen alltäglichen kleinen Verrichtungen und vor dem Fernseher hatte er wohl zu Hause auch nicht so oft die Gelegenheit zum Spaßen.“*

Nicht nur die Betreuer öffnen diesen Freiraum. Auch die Mitbewohner setzen Maßstäbe, nach denen der Neuling sich richten kann oder gegen die er ankämpft. Seinen eigenen Standort finden, seinen Platz im Zusammenleben mit anderen Menschen, das ist ein Anreiz, seine Persönlichkeit weiterzuentwickeln. Auch neue Hobbys oder Interessen bilden sich heraus beim Kennenlernen und Beobachten der anderen. Daheim werden sie als neue Autoritäten angeführt, Richtschnur ist nicht mehr allein die Familie!

> ***Christine P.:*** *„Ich hasse es, wenn Claudia beim Essen schmatzt. Ich habe sie immer darauf aufmerksam gemacht und sie hatte es auch ganz abgelegt. Nach ein paar Wochen in der Wohngruppe fing sie wieder damit an. Als ich sie tadelte, sagte sie: ‚Der Stefan schmatzt auch und der Martin auch.‘ Was müssen sich die armen Betreuer da wohl täglich anhören beim Essen! Gut, dass ich nicht dabei bin.“*

> ***Andreas B.:*** *„Wir hatten meinen Sohn und seine Freundin für zwei Wochen mit in den Urlaub genommen. Am 29. sollten sie wieder in der WG sein. Als ich ihnen vorschlug, schon am 28. zu fahren (ich hätte ganz gern noch einen Tag für mich allein gehabt), kam das nicht besonders gut an. Nachdem ich mich nicht sehr zugänglich für ihre eigenen Argumente zeigte, fuhren sie schweres Geschütz auf: ‚Der Thomas hat uns bis zum 29. in die Urlaubsliste eingetragen. Wir können gar nicht früher kommen.' Gott sei Dank konnte ich sie zu einem Kompromiss bewegen: 29. ja, aber nicht erst am Abend, sondern schon mittags – das walte Thomas!"*

Am meisten vermissen werden Sie die tägliche Begegnung, den Körperkontakt. Aber vertrauen Sie darauf, dass die Gefühle zwischen Ihnen und Ihrem Kind unverändert bleiben. Sie sehen sich seltener, aber gerade das macht jedes Zusammensein kostbar. Statt sich mit den Problemen des Alltags herumzuschlagen, können Sie sich Zeit füreinander nehmen und den Tag gestalten. Sich auf das Wesentliche zu konzentrieren, statt die Wäsche zu waschen ist ein Gewinn. Sie werden immer wieder Neues entdecken und sich freuen auf das Wiedersehen. Viele kleine Sorgen können Sie als Ballast abwerfen und sich wirklich einander widmen. Ihrem Kind so viel Liebe zu schenken wie möglich, wird lebenslänglich ihre Aufgabe bleiben, egal wo es wohnt.

Abgesehen davon werden Sie sich wundern, was Sie alles noch zu tun haben. Soweit Sie die Betreuung übernommen haben, müssen Sie alle wichtigen Entscheidungen treffen, Anträge stellen, den Ausweis verlängern lassen, die Anmeldung für eine Freizeit vornehmen … Aber auch scheinbar unwichtige Sachen werden Ihnen gerne überlassen. Die Betreuer haben zu wenig Zeit, stundenlang shoppen zu gehen, ein Fotoalbum vom Sommerurlaub anzulegen oder mit einem allein zum Essen zu gehen. Das und vieles mehr können Highlights sein, wenn Sie zusammen sind.

Auch die Biografiearbeit kann in einer Wohnstätte nicht so ausführlich geleistet werden wie in der Familie. Immer wieder die Babyfotos anschauen, die Bilder der Verwandten oder Schulfreunde. Darüber sprechen, wo man geboren ist und wo man gewohnt hat, sich an besonders schöne oder besonders schreckliche Erlebnisse erinnern – dazu braucht man ein gemütliches Eckchen und viel Ruhe und Zeit. Entlastet von den Sorgen des Alltags können Sie sich all diesen Beschäftigungen gemeinsam widmen. Auch bei Menschen mit schwersten Behinderungen gibt es viele Möglichkeiten, sich an die gemeinsam erlebten Jahre zu erinnern. Es gibt Stellen, die besonders gern berührt und gestreichelt werden wollen, Lieder, Spiele und Rituale, die Nähe und Geborgenheit vermitteln.

Die größte Sorge aller Eltern: „Was geschieht, wenn ich krank werde oder mir etwas zustößt?“ muss Ihnen nicht mehr zu schaffen machen. Trotz allem werden Sie noch genügend Dinge zu erledigen haben und manches Mal eingreifen müssen, z. B. über den Tod der Großmutter sprechen oder für eine Freizeit zahlen, so lange Sie können. Aber jetzt ist kein Druck mehr dahinter. Sie können alles Mögliche tun, aber Sie sind nicht mehr verantwortlich für jeden Tag. Wenn Sie das erkennen – und das braucht bei dem einen länger, bei dem anderen geht es schneller – werden Sie den neu gewonnenen Spielraum genießen. Sie trennen sich ja nicht wirklich, Sie delegieren nur einen Teil der Verantwortung mit dem Ziel, den jungen Menschen unabhängig davon zu machen, ob Sie da sind oder nicht.

Angehörige und Profis: Vom Umgang miteinander

„Spannungsfeld“ wird es oft genannt, das Verhältnis zwischen Angehörigen und Profis. Und das ist es ganz sicher, denn die Vorstellungen, die beide haben, können gar nicht deckungsgleich sein. Schon die Voraussetzungen sind sehr unterschiedlich:

Angehörige

- kennen ihr Kind seit langem
- sehen es „mit den Augen der Liebe“
- haben vor allem sein Wohlergehen im Auge
- haben im Lauf der Zeit eine bestimmte Art des Umgangs mit ihm entwickelt
- erwarten, dass in der Wohnstätte fortgeführt wird, was im Elternhaus begonnen hat
- haben innerhalb ihrer Familie Prioritäten, die sie auch von der Wohngruppe erwarten
- sehen sich als Autorität in allen Fragen, die ihr Kind betreffen
- haben sich in der Regel nicht freiwillig dafür entschieden, mit einem behinderten Menschen zusammenzuleben
- haben häufig viele kräftezehrende Jahre hinter sich

Profis

- haben in der Regel ihren Beruf gewählt, weil sie an der Arbeit mit behinderten Menschen interessiert sind
- lernen den Bewohner als Erwachsenen kennen
- müssen den Neuling meistens in eine schon bestehende Gruppe integrieren
- müssen in erster Linie an das Wohlbefinden aller denken
- gehen mit dem erwachsenen Bewohner auf eine andere Art um als die Angehörigen
- haben andere Prioritäten als die Familie
- haben die fachliche Kompetenz
- haben ein Team im Rücken
- haben eine Ausbildung und eine professionelle Arbeitshaltung
- sind zwar an der Zusammenarbeit mit Eltern und Betreuern interessiert, können sich aber andererseits nicht in ihre Arbeit hineinreden lassen
- wünschen sich in der Regel stabile tragfähige Beziehungen ihrer Bewohner zu den Familienangehörigen. Spannungen im familiären Umfeld werden immer auch in die Wohngruppe hineingetragen.

Im besten Fall herrscht Übereinstimmung zwischen Mitarbeitern und Eltern, aber nur im besten Fall! Meistens gibt es eine Reihe von Differenzen, die auf verschiedenste Weise ausgetragen werden.

Da ist zunächst einmal die ganz simple Frage, ob man einander überhaupt sympathisch ist. Sympathie kann man nicht erzwingen, aber sie ist eine gute Grundlage für die Zusammenarbeit. Es ist schwer zu ergründen, warum man jemanden nicht mag. Allerdings kann es sein, dass Sie einen Mitarbeiter nicht riechen können, mit dem Ihr Sohn oder Ihre Tochter gut zurechtkommt.

> ***Karin P.:*** *„Ich erinnere mich, dass Lena in der Tagesstätte eine Erzieherin hatte, die wir alle nicht mochten. Weder ich noch mein Mann und meine anderen Kinder. Wir fanden sie aufgeblasen und dumm. Komischerweise kam Lena gut mit ihr klar. Sie hat sie nicht gerade geliebt, aber sie hatte kein Problem mit ihr. Vielleicht war sie ja auch zu ihr ganz anders als uns gegenüber."*

> *Janina W.: „Der Leiter des Freizeitclubs war mir überhaupt nicht sympathisch. Seine schroffe Art, mit anderen zu reden, stieß mich ziemlich ab. Kein bisschen verbindlich, manchmal grenzte es für mich schon an Unhöflichkeit. Dennis fand überhaupt nichts dabei. Er konnte sich unheimlich gut darauf einstellen. Er nahm ihn so, wie er ist. Das kann er sowieso viel besser als ich. Wahrscheinlich hat er einfach als sachlich empfunden, was ich als unfreundlich ansah."*

Versuchen Sie herauszufinden, was der Grund für Ihre Abneigung ist. Dann ist es auch möglich, das Thema anzusprechen. Bemühen Sie sich um eine gute Zusammenarbeit auf einer sachlichen Grundlage. Richten Sie Ihren Blick auf die Arbeit, die der Mitarbeiter oder die Mitarbeiterin macht. Geht es den Bewohnern in der Gruppe gut, dann können Sie zufrieden sein. Klappt das Zusammenleben nicht, dann gibt es Gründe, darüber zu sprechen. Außerdem hat Ihr Kind nicht nur mit einem einzigen Betreuer zu tun. Es verteilt seine Sympathien, wie es selber will. Sie hätten vielleicht jemand anders als Bezugsperson lieber, aber das kann nicht ausschlaggebend sein.

> *Johanna A.: „Ich hatte mich schon lange geärgert über die distanzierte Art von Jörgs Bezugsbetreuerin. Nie nahm sie ihn in den Arm, nicht einmal, wenn er ganz unglücklich war. Also habe ich mit ihr darüber gesprochen und ihr zu erklären versucht, wie sehr Jörg das vermissen würde. Zu Hause hatten wir viel Körperkontakt. Sie meinte aber, das sei gerade der Unterschied zwischen der häuslichen und der jetzigen Situation. Sie möchte nicht in die Rolle der Mutter schlüpfen, denn sie sehe sich eher als Partnerin eines Erwachsenen. Außerdem bemühe sie sich um Klarheit und Eindeutigkeit, das wirke dann eben manchmal etwas unterkühlt. Ich musste ihre Argumente akzeptieren, aber ich hoffe doch, dass unser Gespräch sie etwas ‚weicher' gemacht hat."*

Manche Eltern haben Vorurteile gegen jeden Mitarbeiter. Ganz egal, was er macht, er ist ihnen nie gut genug. Aber auch hinter einer gemäßigten Haltung (Erst mal sehen, wie er arbeitet!) versteckt sich oft eine hohe Bereitschaft zur Kritik. Man wartet nur darauf, dass etwas schief geht, um sich bestätigt zu sehen: Zu Hause klappt es eben doch am besten! Es kann nicht oft genug darauf hingewiesen werden, dass das unter einer gewissen Perspektive wahrscheinlich stimmt. Anders herum betrachtet ist es aber gar nicht wahr.

Wenn es z. B. der Mutter am wichtigsten ist, dass ihre Tochter nur Kleidungsstücke trägt, die ihrer Meinung nach gut zusammenpassen, dann ist sie natürlich verärgert, wenn die junge Dame am Wochenende angezogen wie ein Papagei auftaucht. Aber dahinter kann ein wichtiges Ziel stehen, es handelt sich nicht immer um Nachlässigkeit der Betreuer. Freiheit bei der Auswahl der Kleidung bedeutet ein Stück Eigenverantwortung, da muss man in Kauf nehmen, dass unpassende Sachen kombiniert werden, bis die junge Dame gelernt hat, mehr auf passende Kombinationen zu achten. Die Mutter hat vielleicht das Argument der Wirkung in der Öffentlichkeit: Wenn schon behindert, dann wenigstens gut angezogen. Die Mitarbeiter denken eher: Wenn schon behindert, dann wenigstens so viel eigene Entscheidung wie möglich. Weitgehend „selbstbestimmt leben“ ist sicher das Ziel aller Beteiligten, bei der Verwirklichung dieses guten Vorsatzes aber besteht hohes Konfliktpotential.

Beide Parteien haben ein berechtigtes Anliegen, die ideale Lösung wäre es, eine Balance zu finden zwischen den verschiedenen Ansprüchen. Aber das geht nur, wenn man nicht auf Konfrontation geht, sondern die Ziele des anderen anerkennt und sich um einen Kompromiss bemüht. Vielleicht können die Mitarbeiter am Wochenende sagen: „Wenn du nach Hause fährst, zieh doch den roten Pulli an. Du weißt, deine Mutter mag ihn gern, da machst du ihr eine Freude.“ Aber auch die Mutter sollte sich anpassen und vielleicht sagen: „Heute bist du ja ganz ungewöhnlich angezogen. Daran muss ich mich erst gewöhnen.“ Häufig sind es Kleinigkeiten, die nicht angesprochen werden und zu Missstimmung führen.

Wenn Sie Kraft und Lust haben, können Sie auch stärker eingebunden werden in den Alltag des Wohnheimes. Allerdings müssen Sie dann auch hinter dem Konzept der Betreuer stehen und es nicht torpedieren. Sie könnten Ihr positives Engagement zeigen, indem Sie z. B. die Mitarbeiter fragen, ob Sie deren Arbeit unterstützen könnten. Allerdings sollte Ihnen dann klar sein, dass es nicht immer nur um Ihr eigenes Kind geht. Die Übernahme von Arztbesuchen, Mitarbeit bei der Freizeitgestaltung sind unter Umständen eine willkommene Entlastung der Hauptamtlichen. Wichtig ist in jedem Fall eine Absprache, damit sie wirklich miteinander handeln und den Menschen mit Behinderung nicht in eine Situation bringen, in der er sich nicht mehr orientieren kann, weil er sich für eine Seite entscheiden muss.

Greifen Sie auch nicht einfach unüberlegt ein, wenn Ihnen etwas nicht gefällt. Zu Hause können Sie sich um die Ordnung im Zimmer kümmern, im Wohnheim ist das nicht Ihre Aufgabe. Wie würden Sie sich fühlen, wenn ein Mitarbeiter zu Ihnen käme, um das Zimmer Ihres Sohnes zu inspizieren und nach seinen Vorstellungen aufzuräumen? Wenn Sie das Bedürfnis haben, klar Schiff zu machen, tun Sie es nicht ohne vorherige Absprache. Vielleicht gibt es einen Grund für die momentane Unordnung. Wenn es nur mangelnde Zeit ist, die das Aufräumen verhindert hat, ist man sicher froh über Ihre Unterstützung. Geht es aber z. B. darum, dass der Sohn oder die Tochter noch dabei ist, ein für sich überschaubares Ordnungssystem zu entwickeln, dann könnte es sein, dass Ihre wohlgemeinte Hilfe einen Rückschritt bedeutet auf dem Weg zur Selbstständigkeit.

> ***Caroline F.:*** *„Andrée hatte seinen Schrank nach einem völlig blödsinnigen System eingeräumt. Seine Fächer quollen über, andere waren fast leer. Ich hab dann mit ihm zusammen alles umsortiert. Beim nächsten Besuch war es wieder so. Er hat sich geweigert, seine Sachen anders zu ordnen. Ich hab zwar nicht verstanden, warum die Hosen im gleichen Fach liegen müssen wie die Handtücher, aber er ließ sich nicht davon abbringen. Seine Erklärung leuchtete mir nicht ein. Aber soll ich jedes Mal mit ihm streiten und rumräumen, wenn ich ihn besuche? Er ordnet ja auch nicht meine Kommodenschubladen, das fehlte mir gerade noch."*

Menschen, die sich entschließen, mit erwachsenen Behinderten zu arbeiten, müssen vieles in Kauf nehmen. Ihr Dienst liegt vor allem am Abend und am Wochenende, also dann, wenn andere Berufstätige Freizeit haben. Es ist immer wieder erstaunlich, wie groß das Engagement ist und wie sehr sie mit dem Herzen dabei sind. Aber auch sie haben ihre Probleme, sie sind ausgebrannt, haben Krach zu Hause, müssen sich um die schulischen Leistungen ihrer Kinder kümmern usw. Da fällt es schwer, immer gleich bleibend gelassen und zugänglich zu sein – auch beim besten Willen. Jeder, der beruflich mit Menschen zu tun hat, weiß, wie anstrengend die Konzentration auf unterschiedliche Charaktere und ihre Bedürfnisse ist. Es gelingt nicht immer jedem alles sofort. Deshalb sollten Sie nicht gleich ungeduldig werden, wenn mal nicht alles so gut läuft, das tut es bei ihnen zu Hause sicher auch nicht.

Sollten jedoch gravierende Probleme auftreten oder geht über einen längeren Zeitraum etwas daneben, besteht Handlungsbedarf. Lässt sich der Konflikt nicht im direkten Gespräch lösen, gibt es natürlich einen Vorgesetzten, einen Bereichsleiter, einen Psychologen, der eingeschaltet werden kann. Ein Gespräch mit anderen Eltern ist hilfreich, aber nur, wenn es nicht in gemeinsame Hetze gegen einen Mitarbeiter oder gar die ganze Wohnstätte ausartet. Klären Sie miteinander, wie das Problem entstanden sein kann und ob es alle betrifft. Manchmal erledigen sich Dinge im Vorfeld, wenn man genügend Informationen hat.

Leider ist es in der Realität nicht immer so, dass ein Gespräch zu beiderseitigem Einverständnis führt. Eltern haben Angst, sich unbeliebt zu machen, weil sie fürchten, dass es an ihrem Kind ausgelassen wird. Betreuer haben die Nase voll davon, sich ständig verteidigen zu müssen. Eltern trauen sich nicht zu, so gut zu argumentieren, dass sie überzeugend wirken. Betreuer haben schon mit anderen Eltern schlechte Erfahrungen gemacht. Die Liste ließe sich lange fortsetzen. Wenn Sie in einer solchen Situation sind, helfen Ihnen vielleicht einige Vorüberlegungen:

- Klären Sie für sich selber genau, worin das Problem Ihrer Meinung nach besteht.
- Sprechen Sie Ihr Anliegen mit einer Person Ihres Vertrauens vorher durch. „Üben“ Sie es für den Ernstfall, d. h. bitten Sie auch um Fragen oder Widerspruch.
- Fahren Sie nicht wegen jeder Kleinigkeit schwere Geschütze auf, aber warten Sie auch nicht zu lange. Haben sich erst ungute Gefühle eingeschlichen, erschwert das den Umgang miteinander und auch die Problemlösung.
- Informieren Sie den Mitarbeiter rechtzeitig, über welches Thema Sie mit ihm sprechen möchten, damit er sich auch Gedanken darüber machen kann.
- Nehmen Sie jemanden mit, der Sie unterstützen kann. Aber teilen Sie dem Mitarbeiter vorher mit, dass Sie nicht allein kommen, damit er sich nicht bedrängt fühlt. Vielleicht möchte auch er einen Kollegen zu dem Treffen dazubitten.
- Wenn Sie das Gefühl haben, dass Sie nicht mit ihm reden können, bitten Sie darum, dass jemand das Gespräch moderiert.
- Bleiben Sie sachlich und respektvoll. Vorwürfe und Klagen ruinieren jeden Gesprächsansatz. Bedenken Sie, dass Sie „Gast“ in der Wohnstätte sind.
- Fragen Sie nach möglichen Lösungen. Fragen und Überlegungen sind in jedem Fall hilfreicher als Anschuldigungen.
- Vereinbaren Sie klare Zielvorgaben über einen kürzeren Zeitraum und kleine Handlungsschritte. So lässt sich nachprüfen, ob beide Seiten sie einhalten und ob sie erfolgreich sind.

- Bedenken Sie, dass die Verantwortlichkeit des Handelns bei den Betreuern liegt.
- Behalten Sie immer Ihr eigentliches Ziel im Blick. Es geht in erster Linie darum, dass Ihr Kind sich wohl fühlt.

Wenn sich gar keine Lösung erreichen lässt, sollte man ernsthaft überlegen, ob es eine Möglichkeit gibt, den Wohnplatz zu wechseln. Das jedoch ist ein schwieriges Unterfangen, zu dem natürlich auch der behinderte Erwachsene seine Zustimmung geben muss. Einen neuen Platz zu finden ist gar nicht so einfach, außerdem haben Sie keine Garantie, dass es Ihnen dort besser geht. Bürokratische Hindernisse sind zu überwinden, z. B. wenn der Wechsel in einen anderen Ort stattfinden soll. Da geht es unter anderem um die Finanzierung durch einen anderen Kostenträger, der die neue Last nicht freiwillig übernimmt. Die Begründung muss schon hieb- und stichfest sein. Dieser Entschluss kann wirklich nur im äußersten Notfall und nach reiflicher Überlegung gefasst werden.

Anders sieht es mit einem Wechsel aus, wenn sich eine neue Situation ergibt, wenn eine weitere Gruppe eröffnet wird oder der Wunsch besteht, anders zu leben. Es ist nicht einzusehen, dass Menschen mit Behinderung keine neuen Wege einschlagen dürfen, so wie andere auch. Sie entwickeln sich, und was im Alter von 25 für sie gut war, muss nicht das ganze Leben hindurch gleich bleiben.

Loretta B.: *„Meine Tochter lebt seit sieben Jahren in einer Wohnstätte der Lebenshilfe und ich hatte eine ganze Menge zu meckern. Als dann eine neue Wohngruppe eröffnet wurde mit relativ jungen, selbstständigen Bewohnern, schien mir das ideal und ich habe mich sofort um einen Platz beworben. Meine Tochter allerdings wehrte sich mit Händen und Füßen. Sie gab mir eindeutig zu verstehen, dass sie sich wohl fühlt und nicht umziehen will. Ich bin mir nicht sicher, ob wir einfach die Dinge verschieden ansehen und bewerten oder ob sie nur Angst vor einer Veränderung hat. Auf jeden Fall habe ich mich nicht getraut, sie zu einem Umzug zu zwingen."*

Lydia W.: *„Walter lebte zehn Jahre in einem kleinen schönen Wohnheim in meiner Nähe, in einer größeren Stadt und ich dachte, das sei die Lösung für immer. Aber dann besuchten wir einen alten Schul-*

freund von ihm in einer anthroposophischen Dorfgemeinschaft. Walter erlebte mit, wie ein Kälbchen geboren wurde und beschloss, dass er auch so leben möchte, auf dem Land, mit Tieren. Ich habe schwer kämpfen müssen, um einen Platz für ihn zu finden. Zuerst ging es ihm auch gar nicht so gut, weil er sich mit den Hauseltern nicht verstand. Aber er wollte nicht wieder weg und hatte später die Chance, in ein anderes Haus zu wechseln. Wenn ich ihn besuche, staune ich immer wieder, wie er selber seinen Weg gemacht hat."

Feststellung des individuellen Hilfebedarfs

Will ein Träger öffentliche Gelder beanspruchen, muss der individuelle Hilfebedarf festgestellt werden. Verhandlungen darüber beruhen auf der Grundlage eines Hilfebedarfsplanes, der nach dem so genannten Metzler-Verfahren erstellt wird. Dieses Verfahren wurde entwickelt von Dr. Heidrun Metzler von der Universität Tübingen. Es beinhaltet, dass der Hilfebedarf der einzelnen BewohnerInnen nach bestimmten Kriterien festgestellt wird, daraus wird dann nach einem festgelegten Verfahren die Summe berechnet, die dem Träger bewilligt wird. Angehörige müssen nicht einzeln um Geld kämpfen, sondern der Träger des Hauses übernimmt diese Aufgabe. Das Verfahren der individuellen Hilfeplanung ist für den Träger der Sozialhilfe, also den Geldgeber, eine wesentliche Grundlage für die Entscheidung und wird durchgeführt, wenn erstmals Hilfe in betreuten Wohnformen zur Debatte steht. Folgende Fragen werden geprüft und entschieden:

- Besteht ein Bedarf an Hilfe in einer betreuten Wohnform und welcher Art ist der Bedarf?
- Welche Wohnform ist zur Deckung des bestehenden Hilfebedarfes geeignet?
- Steht diese Wohnform zur Verfügung bzw. kann sie rechtzeitig geschaffen werden?
- Welche Leistungen werden benötigt und welche Betreuungsdichte ist erforderlich? (Häufigkeit und zeitlicher Umfang der Maßnahmen, zeitlicher Umfang des Einsatzes von Fachpersonal)

Diese Punkte werden in einem Team geklärt. Der behinderte Mensch und/oder sein gesetzlicher Vertreter sollen in der Regel an dem Hilfeplangespräch teilnehmen. Dazu erfasst man die regionale Angebotsstruktur, d. h. man untersucht, welche Leistungen in der Region insgesamt zur Verfügung stehen.

Für Angehörige bzw. Betreuer ist dieser Punkt insofern relevant, als er deutlich macht, dass nicht allein der Wunsch nach einer bestimmten Wohnform entscheidend ist. Wird z. B. in einer Wohnstätte eine Betreuung rund um die Uhr angeboten, so kann es sein, dass jemand dort nicht einziehen kann, der relativ selbstständig ist und für den ein geringerer Hilfebedarf festgestellt wird. Andererseits wird es kaum möglich sein, einen Menschen, der aufgrund seiner Behinderung auch nachts betreut werden muss, mit anderen gemeinsam wohnen zu lassen, die diese Betreuung nicht brauchen. Gemischte integrative Wohnformen sind auf dieser Grundlage schwer zu verwirklichen. Sollte es Veränderungen im Zustand oder der Lebenssituation des behinderten Bewohners geben, muss ein neuer Hilfeplan erstellt werden.

> ***Peter P. (Leiter einer Wohnstätte):*** *„Das wohl zentrale Ereignis der letzten Zeit war der Auszug von Elfriede M. und die Neubelegung ihres Zimmers. Frau M. bekam vor einem Jahr einen Brief des Bezirks Oberbayern, in dem man ihr mitteilte, dass man ihren Wohnheimplatz nicht länger finanzieren wolle. Frau M. sei im Wohnheim ‚überversorgt', eine nur stundenweise ambulante Betreuung sei ausreichend. Zu Jahresbeginn ging es plötzlich schnell. Frau M. bekam von der Stadt München eine Sozialwohnung zugewiesen. Die nett geschnittene Zweizimmerwohnung mit Balkon gefiel ihr auf den ersten Blick. So zog sie zum 1. März aus dem Wohnheim aus und wohnt seither allein. Unterstützung bekommt sie nur mehr im Umfang von etwa sieben Wochenstunden. Diese Assistenz können wir nicht selber leisten, da wir dafür noch keine Strukturen geschaffen haben."*

Finanzielle Fragen

Leistungen, wenn man zu Hause wohnt

Grundsicherung bekommen hilfebedürftige Personen, die entweder das 65. Lebensjahr oder das 18. Lebensjahr vollendet haben und dauerhaft erwerbsgemindert sind. Voll erwerbsgemindert ist der- oder diejenige, die wegen Krankheit oder Behinderung auf nicht absehbare Zeit außer Stande sind, unter den üblichen Bedingungen des allgemeinen Arbeitsmarktes mindestens drei Stunden täglich erwerbstätig zu sein. Dazu gehören auch behinderte Menschen, die in einer Werkstatt für behinderte Menschen (WfbM) oder einer Tagesförderstätte beschäftigt sind. Gezahlt wird für den Haushaltsvorstand in dessen Haushalt die Person mit Behinderung lebt, monatlich 345,– € (West) und 331,– € (Ost). Der grundsicherungsberechtigte Angehörige bekommt 276,– € (West) bzw. 264,80 € (Ost).

Pflegegeld: Die Pflegeversicherung unterscheidet drei Stufen der Pflegebedürftigkeit. Sie beschreiben den jeweiligen Umfang des Pflegebedarfs. Wer erheblich pflegebedürftig ist und einen Hilfebedarf für die Grundpflege und die hauswirtschaftliche Versorgung von mindestens 1,5 Stunden Grundpflege hat, bekommt meist Pflegestufe I. Mindestens drei Stunden muss die Versorgung dauern, wenn Pflegestufe II anerkannt wird und Pflegestufe III betrifft Menschen, die fünf Stunden täglich gepflegt und versorgt werden müssen. Gestaffelt ist dann auch der Betrag, den man bekommt.

Wer Sachleistungen in Anspruch nimmt, bekommt 384,– € bei Pflegestufe I, 921,– € bei Pflegestufe II und Pflegestufe III beträgt noch einmal mehr, nämlich 1.432,– €, in Härtefällen sogar 1.918,– € monatlich. Wer statt der Sachleistungen das Pflegegeld selbst beanspruchen möchte, bekommt 205,– €, 410,– € oder 665,– € – wieder nach Pflegestufen gestaffelt.

Verhinderungspflege: Pflegepersonen, die mehr als ein Jahr gepflegt haben, das können auch die Mütter sein, haben Anspruch auf Leistungen bei Verhinderung. Das heißt: Die Pflegekasse muss für längstens vier Wochen im Jahr eine Ersatzpflege bezahlen. Die Aufwendungen dafür sind – unabhängig von der Pflegestufe – auf 1.432,– € im Jahr begrenzt und damit können natürlich auch professionelle Helfer (z. B. eines Familien entlastenden bzw. unterstützenden Dienstes) bezahlt werden.

Kindergeld: Kindergeld bekommen zunächst einmal alle Eltern mit Kindern. Ist bei Kindern eine Behinderung vor dem 27. Lebensjahr eingetreten, wird das Kindergeld sogar grundsätzlich über das 27. Lebensjahr hinaus bezahlt, falls der erwachsene Behinderte außerstande ist, sich selbst zu unterhalten. In diesem Fall besteht Anspruch auf Kindergeld in Höhe von 154,– € monatlich, auch dann, wenn der erwachsene Behinderte nicht mehr zu Hause wohnt. Begründung: Die meisten Eltern haben trotzdem Aufwendungen für ihr Kind wie z. B.

ein Zimmer für Wochenendbesuche und Urlaub, Kosten für Therapien usw.

Eingliederungshilfe: Aufgabe der Eingliederungshilfe ist es unter anderem, eine Behinderung oder deren Folgen zu beseitigen, um den behinderten Menschen in die Gesellschaft einzugliedern. So werden u. a. die Schule oder auch die Leistungen in einer Werkstatt für behinderte Menschen finanziert. Man kann außerdem Kosten für Dienstleistungen der Familien unterstützenden Dienste im Rahmen der Eingliederungshilfe finanziert bekommen, je nachdem um welche Art von Unterstützung es sich dabei handelt.

Leistungen, wenn man ausgezogen ist

Vollstationäre Einrichtung: In vollstationären Einrichtungen der Behindertenhilfe – z. B. den klassischen Wohnheimen – wird der gesamte Lebensbedarf des behinderten Menschen durch den Einrichtungsträger sichergestellt (Rundum-Versorgung). Die Leistungen, die der behinderte Mensch in der Einrichtung erhält, setzen sich zusammen aus Leistungen zur **Sicherung des Lebensunterhalts** (Ernährung, Unterkunft, Kleidung etc.) sowie aus Leistungen der **Eingliederungshilfe** (z. B. in Form von Betreuungsleistungen bei Freizeitaktivitäten.

Bestandteil der Leistungen für den Lebensunterhalt ist das sogenannte **Taschengeld**, das sich auf monatlich 89,70 € (West) bzw. 86,06 € (Ost) beläuft und jedem Heimbewohner für seine persönlichen Bedürfnisse zur Verfügung steht. Heimbewohner, die mit ihrem eigenen Einkommen (z. B. durch Renten oder Werkstatteinkommen) zu einem Teil der Kosten für den stationären Aufenthalt beitragen, erhalten außerdem ein **zusätzliches Taschengeld** in Höhe bis zu 44,– € im Monat, wenn dieser Anspruch bereits am 31. Dezember 2004 bestand. Für alle Selbstzahler in Einrichtungen, die den Zusatzbarbetrag aufgrund des bislang geltenden Bundessozialhilfegesetzes erst nach diesem Stichtag erworben hätten, entfällt das zusätzliche Taschengeld.

Die Kosten für die in einer vollstationären Einrichtung erbrachten Leistungen werden in der Regel vom überörtlichen Träger der Sozialhilfe finanziert. An diesen Kosten muss sich der Heimbewohner mit seinem Einkommen beteiligen, und zwar auch soweit es **unter** der maßgeblichen Einkommensgrenze liegt, da im Rahmen einer stationären Unterbringung Aufwendungen für den häuslichen Lebensunterhalt erspart werden. Etwaiges Vermögen des Heimbewohners ist nur zu berücksichtigen, soweit es die Vermögensgrenze von derzeit 2.600,– € überschreitet.

Die Eltern volljähriger Heimbewohner müssen seit dem l. Januar 2005 zu den Kosten des in der Einrichtung erbrachten Lebensunterhalts grundsätzlich einen monatlichen Unterhaltsbeitrag in Höhe von 20,– € und zu den Kosten der in der Einrichtung erbrachten Eingliederungshilfe einen **monatlichen Unterhaltsbeitrag in Höhe von 26,– €**, insgesamt also einen Monatsbeitrag von insgesamt 46,– € leisten. Der monatliche Beitrag reduziert sich auf 26,– €, wenn der Heimbewohner aufgrund eines sehr hohen Einkommens (z. B. einer hohen Erwerbsunfähigkeitsrente) in der Lage ist, den Lebensunterhalt in der Einrichtung mit eigenen Mitteln zu decken. Soweit die Eltern Hilfe zum Lebensunterhalt beziehen oder im Falle der Leistung des Monatsbeitrags von 16,– € beziehen müssten, entfällt der Unterhaltsbeitrag vollständig. Das gleiche gilt, wenn die Leistung des Unterhaltsbeitrags eine unbillige Härte für die Eltern bedeuten würde.

Ambulant betreute Wohneinrichtung: In einer ambulant betreuten Wohneinrichtung wird der behinderte Mensch seinen **Lebensunterhalt** (Ernährung, Unterkunft, Kleidung etc.) in der Regel durch **eigenes Einkommen** oder durch Leistungen der Grundsicherung für Arbeitssuchende bzw. der **Grundsicherung** im Alter und bei Erwerbsminderung sicherstellen.

Daneben benötigt der behinderte Mensch möglicherweise Leistungen der **Eingliederungshilfe** in Form von Fahrkosten, bestimmter Hilfsmittel, der Begleitung zu Freizeitaktivitäten usw. Außerdem ist er unter Umständen pflegebedürftig und benötigt neben den **Pflegeleistungen**, die er von seiner Pflegekasse erhält, vom Sozialamt aufstockende Leistungen der Hilfe zur Pflege. An den Kosten dieser vom Sozialhilfeträger zu finanzierenden Leistungen muss sich der Mensch mit Behinderung mit seinem **Einkommen und Vermögen** in angemessenem Umfang beteiligen, soweit bestimmte Grenzen überstiegen werden. Ist der behinderte Mensch volljährig, so beschränkt sich der monatliche **Unterhaltsbeitrag seiner Eltern** für diese Kosten auf 26,– €. Soweit die Eltern Hilfe zum Lebensunterhalt beziehen oder im Falle der Leistung des Monatsbeitrags von 26,– € beziehen müssten, entfällt der Unterhaltsbeitrag vollständig. Das Gleiche gilt, wenn die Leistung des Unterhaltsbeitrags eine unbillige Härte für die Eltern bedeuten würde.

Finanzierung der Kurzzeitunterbringung

Kurzzeitpflege: Kann die häusliche Pflege zeitweise nicht erbracht werden, besteht Anspruch auf Pflege in einer Kurzzeitpflegeeinrichtung (§42 SGB XI). Der Anspruch auf Kurzzeitpflege ist auf vier Wochen im Jahr beschränkt. Die Pflegekasse übernimmt die Aufwendungen bis zu einem Gesamtbetrag von 1.432,– € im Kalenderjahr. Bei Bedürftigkeit zahlt die Sozialhilfe.

Verhinderungspflege: Die meisten Einrichtungen, die Kurzzeitunterbringung für Menschen mit Behinderung anbieten, z. B. Wohnheime, sind keine Pflegeeinrichtungen im Sinne des Sozialgesetzbuches XI. Eine Kurzzeitpflege ist daher nicht möglich, jedoch Verhinderungspflege gemäß §39 SG XI. Ist eine Pflegeperson wegen Urlaub, Krankheit oder aus anderen Gründen an der Pflege gehindert, übernimmt die Pflegekasse die Kosten einer notwendigen Ersatzpflege für längstens vier Wochen je Kalenderjahr. Voraussetzung ist, dass die Pflegeperson den Pflegebedürftigen vor der erstmaligen Verhinderung mindestens zwölf Monate in seiner häuslichen Umgebung gepflegt hat. Die Aufwendungen der Pflegekasse dürfen im Einzelfall 1.432,– € nicht überschreiten. Die Ersatzpflege kann auch in einer stationären Kurzzeitunterbringung erfolgen. Reichen die Leistungen der Pflegekasse nicht aus, übernimmt die Sozialhilfe gegebenenfalls die nicht gedeckten Kosten. Ansprechpartner sind die bei den Krankenkassen errichteten Pflegekassen.

Eingliederungshilfe nach dem SGB XII: Personen, die nicht nur vorübergehend körperlich, geistig oder seelisch behindert sind, erhalten bei Bedarf Leistungen der Eingliederungshilfe. Die stationäre Kurzzeitunterbringung ist eine der möglichen Hilfeleistungen. Eine stationäre Kurzzeitunterbringung liegt vor, wenn Menschen mit Behinderungen, die sonst im häuslichen Bereich durch Angehörige oder andere Personen betreut werden, wegen vorübergehenden Ausfalls (Urlaub oder andere Verhinderung, z. B. Krankheit der Pflegeperson) in einer Einrichtung untergebracht werden müssen, weil sie sich nicht selbstständig versorgen können.

Die stationäre Kurzzeitunterbringung ist eine der wichtigsten Maßnahmen zur Familienentlastung. Sie erfolgt entweder in einer Einrichtung, die ausschließlich Kurzzeitplätze anbietet oder in Wohnheimen für behinderte Menschen und Einrichtungen der Eingliederungshilfe, in denen zusätzliche Plätze für die Kurzzeitunterbringung vorhanden sind („Kurzzeitunterbringung in Wohngruppen"). Die Dauer der stationären Kurzzeitunterbringung ist in der Regel nicht befristet, sondern richtet sich nach dem individuellen Bedarf.

Für die Bewilligung zuständig ist das für den Wohnort zuständige Sozialamt des Land- bzw. Stadtkreises. Der Antrag kann – unter Angabe der ausgewählten Einrichtung, der Zeit und des Grundes – formlos gestellt werden. Er muss vor der geplanten Kurzzeitunterbringung gestellt werden.

Das Persönliche Budget

Hinter diesem Begriff verbirgt sich etwas längst Bekanntes, nämlich die Leistungen der Eingliederungshilfe. Seit dem 1. Juli 2004 haben behinderte Menschen im gesamten Bundesgebiet die Möglichkeit ein „trägerübergreifendes Budget" zu beantragen. Die Kernvorschrift hierfür ist im SGB IX geregelt.

Erfasst wird der individuelle Hilfebedarf und die dafür aufzuwendende Zeit, daraus errechnet sich ein Betrag, der, in Form von Geld oder Gutscheinen, direkt an den Menschen mit Behinderung ausgezahlt wird. Der Behinderte kann dann selbstständig bestimmen, bei wem und zu welchen Bedingungen er die Leistung, die er benötigt, einkauft. Der Preis für diese Hilfeleistung wird zwischen dem Behinderten und dem Unterstützer (Leistungserbringer) ausgehandelt. In festgelegten Abständen wird kontrolliert, ob die Leistung erbracht wurde und festgelegten Qualitätsstandards entspricht. Die Idee dahinter: Aus Klienten sollen Kunden werden, die durch ihre Selbstzahlerrolle mehr Einfluss auf Art und Weise der Hilfe haben.

Das kann so aussehen, dass jemand in seiner eigenen Wohnung lebt und unbedingt selbstständiger werden möchte in den Bereichen Haushaltsführung, Freizeit und soziale Kontakte. Er möchte lernen, selbst einzukaufen und zu kochen, möchte ab und zu ins Kino gehen und seine Familie und Freunde besuchen. In welchem Umfang dafür Assistenz nötig ist, wird in einer Hilfeplankonferenz erörtert, an der auch der Behinderte und/oder sein Betreuer teilnehmen sollten. Mit der Person, die für diese Hilfestellung bezahlt werden soll, muss eine Zielvereinbarung geschlossen werden, in der konkrete Ziele festgelegt werden. Z. B. kann ausgemacht werden, dass eine Nachbarin am Wochenende mit dem Betroffenen einkaufen geht und ihm bei der Zubereitung der Mahlzeiten für Samstag und Sonntag hilft, ihn auch eventuell für einen Kochkurs anmeldet und dorthin begleitet. Ein Zivildienstleistender – auch Zivi genannt – oder ein Mitarbeiter des Familien unterstützenden Dienstes kann die Besuchsfahrten übernehmen und ein Bruder die Kinobegleitung.

Nach einer festgelegten Zeitspanne ist zu entscheiden, ob der Bedarf sich geändert hat, die ausgehandelten Hilfeleistungen können fortgeschrieben, angepasst oder verändert werden. Was man für das Persönliche Budget einkauft, darf sich nicht auf die reinen Lebenshaltungskosten beziehen, dafür gibt es die Hilfe zum Lebensunterhalt bzw. die Grundsicherung. Vom Persönlichen Budget sollen Kosten aus den Bereichen

- Wohnen und Haushalt
- Teilnahme (Teilhabe) am sozialen und kulturellen Leben
- Bildung und Freizeit
- Kommunikation und Information
- Mobilität
- Hilfe zur Pflege

bestritten werden.

So ist es auch möglich, dass jemand in einem Wohnheim lebt und trotzdem ein Persönliches Budget beantragt. Bisher wurde die Eingliederungshilfe in einem solchen Fall direkt an den Träger der Einrichtung gezahlt. Der Mensch mit Behinderung erhielt sie dann in Form von Sachleistungen, d. h. der Träger stellte ihm die benötigte Unterstützung zur Verfügung. Seit der Einführung des Persönlichen Budgets kann ein Bewohner z. B. einen Teil für Assistenz bezahlen, die vom Träger geleistet wird (z. B. für Verrichtungen beim Wohnen und im Haushalt), mit dem Restbudget kann er sich dann Begleitung, Hilfe zur Pflege usw. selbst organisieren und finanzieren.

Deshalb spricht man vom „trägerübergreifenden Budget“, denn man kann die Hilfe verschiedener Träger in Anspruch nehmen. Die Nachbarin, die beim Kochen hilft, der Familien unterstützende Dienst der Arbeiterwohlfahrt (AWO) oder der Caritas, eine Begleitung von der studentischen Arbeitsvermittlungsstelle usw. Die Leistungen kommen nicht mehr, wie bisher, aus einer Hand, nämlich der des Einrichtungsträgers, sondern können je nach individuellem Bedarf, nach Kostengesichtspunkten und Angebot auf dem Markt zusammengestellt werden. Wer damit nicht allein zurechtkommt, hat

Anspruch auf Assistenz. Die Bezahlung dieser Assistenz ist wiederum ein Teil des Budgets.

> **Felix W.:** *„Ich finde es Klasse, dass ich jetzt selbst entscheiden kann, wofür ich Geld ausgebe. Beim Putzen, Waschen, Bügeln usw. z. B. hilft mir eine Tante, die kostet nicht so viel. Und ich kann mir jemand leisten, der mit mir ab und zu zum Fußball geht, das hat im Wohnheim nie geklappt."*
>
> **Roland Pf.:** *„Ich vermisse schon manchmal das Wohnheim. Da war alles für mich geregelt worden. Jetzt muss ich viel mehr selber machen. Das ist anstrengend. Aber ich bin stolz, dass ich das schaffe."*
>
> **Karen P.:** *„Unser Sohn wohnt noch zu Hause. Mit dem Persönlichen Budget haben wir eine Betreuung eingekauft, die ihm morgens hilft beim Fertigmachen für die Tagesförderstätte. Auch eine regelmäßige Hand- und Fußpflege und Begleitung bei Arztbesuchen sind möglich. Ich bin berufstätig und habe mich vorher schier zerrissen, um alles unter einen Hut zu kriegen."*

Das Persönliche Budget ist also ein wesentlicher Schritt hin zu stärkerer Selbstbestimmung von Menschen mit Behinderung. Sie können selbst entscheiden, welche Unterstützung sie wann und von wem bekommen möchten. Allerdings ist es nicht so einfach, das alles zu regeln. Menschen mit geistiger Behinderung brauchen dafür in der Regel Hilfe. Bei sehr schwer behinderten Erwachsenen wird sicher der Betreuer den größten Teil der Organisation übernehmen müssen, allerdings kann er dann die Leistungen individueller auf „seinen" Betreuten zuschneiden, als das bisher der Fall war.

Ein Persönliches Budget wird nur auf Antrag gewährt, das heißt, dass niemand dazu gezwungen werden kann. Wie hoch das Persönliche Budget ausfällt, wird von einer Kommission bestimmt, in der sich der Geldgeber mit den Betroffenen – und/oder ihren Angehörigen/ Betreuern – zusammensetzt, um festzulegen, welche Art der Hilfe in welchem Umfang nötig ist. Wie weit sich dieses Verfahren, das schon in fast allen europäischen Ländern eingeführt wurde, in Deutschland durchgesetzt hat, ist sehr unterschiedlich. Vielerorts laufen noch Modellprojekte, andernorts ist eine nahezu flächendeckende Versorgung erreicht.

Auch in der Schweiz führt das Bundesamt für Sozialversicherung (BSV) zusammen mit der Stiftung Assistenz Schweiz und den IV-Stellen seit 1. Januar 2006 einen Pilotversuch durch. Das „Assistenzbudget“, wie es hier heißt, soll genutzt werden von Personen mit einer Hilflosenentschädigung, die außerhalb eines Heimes leben und ihren Hilfebedarf eigenverantwortlich organisieren wollen.

Die neuen Regelungen werfen sowohl für die Budgetnehmer als auch für die Leistungsanbieter viele Fragen auf. Behinderte oder pflegebedürftige Menschen sollen plötzlich selbst verantwortlich sein für die Organisation ihrer lebensnotwendigen Hilfen. Das ist eine ungewohnte Rolle. Und den Trägern sozialer Dienste und Einrichtungen stellen sich neue Anforderungen an die Personalplanung, an die Preisgestaltung und an das Marketing.

Wie so oft liegen auch hier Chancen und Risiken dicht nebeneinander. Kostenträger könnten versuchen, behinderte Menschen ins ambulante Wohnen abzudrängen, Eltern könnten veranlasst werden, ihr Kind zu Hause zu behalten – letzten Endes ist Geld natürlich immer ein wichtiger Motor. Ob jemand in einer eigenen Wohnung nicht Gefahr läuft zu vereinsamen, ob sich noch ein Gefühl der Zusammengehörigkeit entwickeln kann, wenn in einem Wohnheim die Bewohner sich ihre Dienste einkaufen, das ist abzuwarten und zu beobachten.

Weitere Informationen unter: *www.lebenshilfe_bw.de*

Persönliches Budget von A–Z. Lexikon zu einer neuen Möglichkeit für behinderte Menschen.

Sexualität und Partnerschaft

__Angela B.:__ „Frau ist schön. Die ist sexy. Sehr schön nackt, kurze Haare und rot-blond. Ich bin selber Frau und träume von meinem Freund. Die Frau die ist zu Hause: Arbeiten. Wäsche, Betten machen, Frühstück machen und Mittagessen machen. Die Frau macht Kind versorgen. Und Abendbrot machen zusammen. Zusammen zu sein mit gleichen Namen. 3 Namen und 3 Familien: Herr Mann und Frau und Kind."

__Julian T.:__ „Ich träume vom Heiraten. Die Frau muss schön sein und nett zu mir. Ich sitze im Rollstuhl und das mögen viele Frauen nicht. Aber ich hoffe, dass doch irgendwann mal die Richtige kommt, mit der ich dann auch viel schmusen kann – das tue ich gerne. Einmal hatte ich eine Freundin, das ist schon eine Weile her, aber die Eltern von ihr wollten nicht, dass wir zusammen sind. Irgendwann war sie dann auf einmal weg – umgezogen. Ich war sehr traurig, weil ich doch gar nicht wusste, wie ich sie erreiche. Meine Mutter konnte leider auch nicht helfen, weil sie die Adresse nicht hatte. Sonst würde ich der Franzi wahrscheinlich wenigstens schreiben oder auch mal anrufen."

Pubertät: Baustelle in Kopf und Körper

Nicht nur für junge Menschen ist das Erwachsen werden ein mühsamer Prozess, auch die Eltern müssen in dieser Zeit eine Menge lernen. Es geht darum, neue Umgangsformen miteinander zu finden, sowie die Persönlichkeit des Jugendlichen zu entdecken und sie auch dann zu akzeptieren, wenn sie ein bisschen anders ist, als man das gerne hätte. Ein ganz grundlegender Bestandteil der Persönlichkeitsentwicklung bei jedem Menschen – mit oder ohne Behinderung – ist die Sexualität. Nun beginnt die Entwicklung der sexuellen Empfindungen natürlich nicht erst in der Pubertät, denn sie ist angeboren. In dieser Zeit aber wird das Thema drängender, interessanter und wichtiger. Wird der Drang danach unterdrückt, dann kann das, vor allem bei

Menschen, die sich nicht gut äußern können, zu aggressivem Verhalten oder auch zu Depressionen führen.

Mädchen und Jungen mit Behinderung erleben deutlich häufiger als andere Jugendliche Eingriffe in ihre Intimsphäre, weil sie entweder Pflege brauchen oder auch Therapien. Vor allem die Mütter helfen normalerweise bei der Intimpflege, beim Anziehen oder ähnlichen Verrichtungen, wenn der Jugendliche diese nicht alleine ausführen kann. Und weil das so normal geworden ist in all den Jahren, kann es dazu führen, dass man den rechten Moment verpasst und auch noch den Erwachsenen wie ein Kind behandelt – selbst wenn das längst unangemessen geworden ist.

Ein weiterer Punkt, der in der Pubertät wichtig wird, ist die Partnerschaft. Grundsätzlich haben Eltern natürlich immer Sorgen, ob ihr Sohn oder die Tochter auch den richtigen Lebensgefährten wählt. Bei Menschen mit Behinderungen ist das zunächst nicht anders. Anders ist nur, dass diese nicht so leicht einen festen Freund oder eine Freundin finden. Die Gründe sind vielfältig. Zunächst einmal kommt es darauf an, ob die jungen Leute überhaupt Gelegenheiten haben, sich näher zu kommen. Manchen fällt es schwer Kontakte zu pflegen, also z. B. zu telefonieren, sich zu treffen (auch mal heimlich). Immer wieder stehen Eltern oder Pädagogen daneben und schalten sich ein.

Einen normalen Zugang zu Sexualität und Partnerschaft zu finden ist für viele also nur möglich, wenn die Eltern mitspielen und wie sie das am besten machen, das müssen eben auch Mütter und Väter erst einmal lernen.

Über die Pubertät ist viel geschrieben und geredet worden. Sie ist eine Zeit des Umbruchs und diesen elegant hinzukriegen, das wünschen sich alle. Was die sexuelle Entwicklung angeht, sollte man sich vielleicht klar machen, dass diese schon beim Säugling angelegt ist. Das bedeutet: Jeder Mensch bringt von Anfang an alles dafür mit, später sexuelle Reize empfinden zu können. Es ist deshalb von großer Bedeutung, wie Eltern mit ihren Kindern umgehen. Kuscheln, Umarmen, Streicheln – Körperkontakt eben. Schon Kleinstkinder fühlen, ob sie auch körperlich akzeptiert werden oder aber sie empfinden, im schlimmsten Fall, ihren Körper als Objekt, an dem und mit dem gearbeitet wird. Bei den Heranwachsenden werden die kleinen Zärtlichkeiten dann oft abgewiesen. Das hat etwas damit zu tun, dass man sich in diesem Alter absetzen möchte.

Bei Jugendlichen mit Behinderung ist das aber meist gar nicht so leicht möglich. Sie sind darauf angewiesen angefasst zu werden und können sich manchmal auch gegen liebevolle Berührungen nicht zur

Wehr setzen. In der Pubertät sollten die Eltern sehr genau auf die Signale ihrer Kinder achten. Denn auch diejenigen, die sich gut äußern können, sind nicht unbedingt in der Lage auszudrücken, was in ihnen vorgeht und wie sie sich fühlen.

> ***Irina D.:*** *„Iwan wurde so mit 13 Jahren richtig schwierig. Zuerst verweigerte er nur den Abschiedskuss am Morgen. Dann reagierte er schon abweisend und aggressiv, wenn ich überhaupt etwas fragte oder sagte. Ich konnte ihm einfach nichts recht machen. Aber das Schlimmste für mich war, dass er sich auch körperlich so zurückzog, keine Umarmung, keinen Kuss, kein Streicheln – der ganze junge Mann eine biestige Kratzbürste."*

Möglicherweise würde ein Gespräch helfen, aber wie anfangen? Machen Sie eindeutig klar, dass Sie verstehen, wenn allzu inniger Kontakt momentan unerwünscht ist, dass das aber nichts an Ihrer grundsätzlichen Zuneigung ändert. Lassen Sie dem Jugendlichen die Chance, sich zurückzuziehen und freuen Sie sich einfach, wenn er doch wieder kommt und Ihre Umarmung sucht. Halten Sie auch sich selbst, wenn möglich, ein bisschen zurück. Geschwister, Freunde können manchmal viel besser mit der Situation umgehen. Und Ihr Kind empfindet diesen Freiraum sicher als positiv, das erleichtert es ihm, sich Ihnen freiwillig wieder zu nähern.

Ein anderes Gebiet ist der tägliche Umgang miteinander. Phasenweise gibt es sehr viel Streit um jede Kleinigkeit. Hilfreich können in diesem Zusammenhang klare Regeln sein. So kann man unter anderem von einem Jugendlichen durchaus erwarten, dass er gewisse Höflichkeitsformen einhält. Zum Beispiel „Guten Morgen" wünschen oder „Hallo" sagen, wenn man nach Hause kommt. Auch ein bisschen Mithilfe im Haushalt ist nicht zu viel verlangt, allerdings helfen auch da eindeutige Absprachen, damit nicht immer wieder neu verhandelt werden muss. Konsequenz ist eben eines der wichtigsten Elemente in der Erziehung. Damit ist nicht lieblose Härte gemeint, sondern eine klar erkennbare Linie, an der sich das Kind und später der Heranwachsende orientieren kann. Rein theoretisch wissen das eigentlich alle Eltern. Dennoch ist die praktische Umsetzung manchmal trotzdem recht schwierig.

> ***Lina K.:*** *„Ich habe es so satt, jeden Tag wieder neu zu erklären, dass wir alle im Haushalt mit anpacken müssen. Karin hält sich an keine Absprachen. Ihr ist alles egal, sagt sie. Wenn ich nicht im Dauerstreit mit ihr liegen will, muss ich wahrscheinlich einfach nachgeben."*

> ***Rainer D.:** „Bei uns gibt's klare Regeln, wer sich nicht dran hält, der muss gewisse Einbußen beim Taschengeld hinnehmen. Allerdings reagieren unsere vier Kinder alle anders darauf. Dem einen ist es immer wichtig noch später als 22.00 Uhr raus zu dürfen. Der andere hat niemals Lust, die Spülmaschine auszuräumen und der jüngste, er ist spastisch und sitzt im Rollstuhl, kann einfach nicht mit der gleichen Meßlatte gemessen werden. Trotzdem hat auch er seine Aufgaben, die er erledigen muss. Natürlich gibt es immer mal Diskussionen, aber im Prinzip ist klar, was Sache ist."*

Soweit die Beziehung zum Sohn oder der Tochter allgemein. Besonders knifflig ist in vielen Familien die Frage nach der Sexualität. Wann und wie sucht man das Gespräch darüber? Sucht man es überhaupt? Wartet man nicht besser, bis sich ein Problem von selbst ergibt? Soll man schlafende Hunde wecken? Ist es nicht eine Angelegenheit, die der Jugendliche jetzt selbst in der Hand hat? Dringt man zu sehr in seine Privatsphäre ein?

> ***Ruth E.:** „Ein Vater sagte mir einmal, seine Tochter, die sich sehr gut verbal äußern kann, habe noch nie ein Bedürfnis geäußert nach Sexualität oder einem Freund. Ich habe ihn dann gefragt, ob denn seine Tochter das Blockflötenspiel gelernt hat, weil sie dringend danach verlangt hat. Ich denke, in manchen Fällen machen wir Angebote, in anderen Bereichen sind wir froh, wenn wir nichts damit zu tun haben."*

Eltern wollen – und das ist mehr als verständlich – ihre Kinder vor schlechten Erfahrungen bewahren. Deshalb sollte man ein offenes Ohr für Fragen haben, aber niemals den jungen Menschen allzu neugierig ausfragen. Menschen mit Behinderung haben es in dieser Hinsicht noch schwerer als die nicht behinderten Altersgenossen. Während diese mit Freundinnen und Freunden stundenlang besprechen können, wer wie küsst und was man da im Bett miteinander tut, ist das für behinderte junge Menschen oft nicht möglich. Entweder weil immer Erwachsene, Eltern, Lehrer, Therapeuten dabei sind oder weil sie es wegen ihrer sprachlichen oder geistigen Behinderung einfach nicht können.

Eine weitere Komponente in der Beziehung zwischen Eltern und Heranwachsenden kommt dann ins Spiel, wenn ein Freund oder eine Freundin auf der Bildfläche erscheint. Zwar sollten die jungen Leute ja längst aufgeklärt sein, dennoch geht es spätestens jetzt darum, noch einmal die Kenntnisse aufzufrischen und ihnen die Chance zu geben, Fragen zu stellen. Eine Hilfe sind Kinderbücher, in denen das Thema Sexualität meistens auf einfache und verständliche Weise behandelt wird. Diese Bücher kann man immer wieder herausholen, um das Thema zu wiederholen und zu vertiefen.

> ***Dr. Monika Sch., Kinderärztin:*** *„Zu mir kommen Jugendliche mit und ohne Behinderung in die Praxis, die wirklich gar keine Ahnung von Sexualität haben. Zwar kennen sie genau die üblichen Begriffe – die hört oder liest man ja auch dauernd in den Medien. Aber welche Geschlechtsorgane mit welchen Worten bezeichnet werden, wo sie liegen und was beim Geschlechtsverkehr eigentlich passiert, ist für viele ein großes Fragezeichen bzw. da kursieren Gerüchte, die sind einfach unglaublich! Noch viel schlechter sieht es mit den Kenntnissen über Verhütung aus. Kein Wunder, dass so viele junge Mädchen ungewollt schwanger werden."*

Obwohl junge Menschen mit Behinderung meist viel stärker behütet und kontrolliert werden – vor allem deshalb, weil sie weniger allein unternehmen können – gibt es auch hier grundsätzlich die gleichen Probleme.

Bei Mädchen wäre es wichtig schon vor der ersten Periodenblutung genau zu klären, was da passieren wird, was es bedeutet und was man in diesem Fall tut. Da manche schon mit elf Jahren so weit sind, darf so ein Gespräch nicht zu spät stattfinden. Diejenigen, die vom ersten Blut überrascht werden, haben meistens einen riesigen Schrecken, den sie auch im Laufe ihres Lebens nur schwer wieder vergessen. Also: Aufklären so früh wie möglich und so umfassend wie nötig. Das gilt übrigens genauso für Mädchen mit geistiger Behinderung. Ihnen vermittelt man am besten mit Hilfe von Bildern oder durch das Miterleben z. B. bei der Mutter, der Schwester oder sonst einer nahe stehenden weiblichen Person, was hier passiert. Offen über den Umgang mit Binden, Tampons und anderen Hilfsmitteln sprechen, üben lassen und immer wieder zeigen und erklären, damit hilft man den jungen Damen, Sicherheit im Umgang mit ihrem Körper zu bekommen.

Bei Jungen gilt Ähnliches. So sollte man z. B. ruhig ansprechen, dass Samenergüsse in der Nacht völlig normal sind, auch dass das Glied gelegentlich steif wird. Was das alles bedeutet, dafür ist eine Mutter vielleicht nicht der ideale Ansprechpartner. Schön, wenn sich Väter finden, die dem Sohn entsprechende Aufklärung bieten oder Brüder, Onkels und andere befreundete, wohlmeinende Männer.

Heute wird auch in den Schulen das Thema Sexualität nicht mehr ignoriert. Lehrer helfen – zumindest theoretisch – bei der Entdeckung des Körpers, laden z. B. auch mal Mitarbeiter von Pro Familia ein, die Fragen beantworten und an Modellen erklären, wie der Körper funktioniert.

> ***Inge B.:*** *„Als mein Sohn (er ist heute 35) in die Schule ging, gab es in den Lehrbüchern Figuren, die entweder eine kurze Hose oder einen Rock trugen. Alle Körperteile waren beschriftet und illustriert, aber zwischen Bauch und Knie herrschte ein Vakuum. So blieb es den Eltern überlassen, ob sie das Thema überhaupt anschneiden wollten. Ich habe es versucht, aber wirklich gut gelungen ist es mir nicht."*

Pubertät ist eine Phase, in der man nicht nur den eigenen Körper noch besser kennen lernen sollte, sondern auch die Beziehungen zu anderen Menschen neu geordnet werden. Freunde sind jetzt wichtiger, Aktivitäten außerhalb der Familie, andere Bezugspersonen.

Für Jugendliche mit Behinderungen ist das besonders schwierig. Oft fällt es den Eltern nicht leicht, das behinderte Kind in eine gewisse Selbstständigkeit zu entlassen. Natürlich sind diese Sorgen berechtigt, verhindern aber eine normale Entwicklung. Es sind also wieder die Eltern, die lernen müssen! Manchmal kann man das nicht ohne Hilfe von außen, denn mit einem neutralen Blick sind die Fähigkeiten und Bedürfnisse des Behinderten oft einfacher zu erkennen.

Beispiele:

- Selbstständig öffentliche Verkehrsmittel benutzen: Die meisten Schüler müssen irgendwann lernen, einen Bus oder eine U-Bahn zu benutzen, sowie mit dem Fahrrad in die Schule zu kommen. Jugendliche mit Behinderung dagegen werden häufig mit Schulbussen transportiert. Sie müssen also nicht unbedingt lernen, alleine einen Schulweg zu meistern. Doch das nimmt ihnen Selbstständigkeit. Es wäre also sicherlich sinnvoll, Wege einzuüben, die von den jungen Leuten selbst bewältigt werden können. Ob es sich dabei ums Brötchenholen beim Bäcker um die Ecke handelt oder eine Fahrt ins Kino, um den Schulweg oder sogar eine Reise mit der Bahn zur Oma, muss natürlich auf die Fähigkeiten abgestimmt werden. Auch sollte man niemals zuviel auf einmal verlangen oder den jungen Menschen überfordern. Aber ermutigen und ihm oder ihr etwas zutrauen, das wäre wichtig und richtig!

- Selbstständig Briefe schreiben oder durch Bilder gestalten, telefonieren, mailen, chatten, SMSen: Fast alle Schüler haben inzwischen ein Handy. Es gehört also ganz selbstverständlich dazu, dass Jugendliche Zugang zu dieser Art von Kommunikationsmitteln haben. Bei behinderten jungen Menschen ist das nicht unbedingt so. Oft meinen Eltern „die brauchen das nicht". Aber: Wer es nicht hat, lernt auch nicht damit umzugehen. Natürlich muss es nicht der eigene Computer, das eigene Handy sein. Doch für die Kontaktaufnahme mit anderen Jugendlichen ist es einfach wichtig, den Zugang zu dieser Art von Hilfsmitteln zuzulassen, zumindest das Telefon sollte zur Verfügung stehen. Denn nur wer selbstständig in der Lage ist, Kontakt zu anderen aufzunehmen, kann Freundschaften vertiefen und pflegen.
- Besuche bekommen oder jemanden besuchen: Mal davon abgesehen, dass eine Partnerschaft nicht zustande kommt, wenn man sich nie sehen kann, ist es unerlässlich, Teenagern zu ermöglichen, andere zu treffen. Der Austausch untereinander ist gerade in der Pubertät sehr wichtig. Dabei muss man als Eltern auch ein wenig Zutrauen in die Fähigkeiten des Jugendlichen haben. Freunde, die ihm oder ihr wichtig sind, von vorn herein abzulehnen ist problematisch und fordert den Widerstand geradezu heraus. Besser, man versucht die Freunde erst einmal kennen zu lernen, und da Kontakte in erster Linie in der Schule geknüpft werden, ist es meistens gar nicht so schwierig auch die dazugehörigen Familien zu treffen. Besuche lassen sich trotzdem nicht immer leicht arrangieren. Aber nur keine Angst! Vielleicht freut sich auch die andere Familie, wenn endlich mal ein Kontakt zustande kommt.

Heidelore M.: *„Ehrlich gesagt, hatte ich immer Schwierigkeiten, wenn ich einen Klassenkameraden von Sönke eingeladen habe. Die beiden Jungen konnten sich ohne meine Hilfe nicht wirklich miteinander unterhalten. Sie hatten einfach keine Themen, über die sie ihre Meinungen austauschen konnten.*

Jetzt mit seiner Freundin ist das ein bisschen anders. Viel Zeit verbringen sie mit Schmusen, außerdem lieben sie es, allein in Sönkes Zimmer zu essen, alles wieder aufzuräumen, Musik zu hören und alte Fotos anzuschauen."

Marlies K.: *„Ich hätte gar nichts dagegen, wenn sich Marie und Amir öfter sehen würden. Aber das bedeutet hin und zurück anderthalb Stunden Fahrzeit, weil es bei uns keine öffentlichen Verkehrsmittel* *gibt. Und das wiederum bedeutet, dass ich mein ganzes Wochenende darum herum planen müsste. Dazu habe ich nicht immer Lust. Also können sie sich meistens nur in der Schule treffen."*

- Mitgliedschaft in einem Verein: Vielleicht gibt es in Ihrer Umgebung ja einen Sportverein oder einen Jugendclub, den der Sohn oder die Tochter mit einer Behinderung besuchen kann. So bieten z. B. Kirchen oft Gruppenstunden für junge Leute. Auch die Pfadfinder sind meistens aufgeschlossen, wenn es darum geht, jemanden neu aufzunehmen, genauso Sportvereine, Musikgruppen und Chöre. Hier können die Jugendlichen Kontakte schließen, ihre Interessen kennen lernen oder bereits vorhandene ausbauen. Und wie findet man den richtigen Verein, die richtige Gruppe? Zunächst einmal ist es natürlich einfacher, wenn man weiß, was man will. Da das bei pubertierenden Jugendlichen oft nicht so einfach ist, muss man sich vielleicht langsam herantasten und das geht am besten in einer zwanglosen Gruppe, die keine allzu hohen Aufnahmegebühren oder Wartelisten hat und am besten noch in der Nachbarschaft ist. Einfacher ist es, wenn man schon als Kind zu einer solchen Gruppe gehört und dann einfach mit den anderen mitwächst.

Keine Frage, es gehört schon ein wenig Mut dazu, junge Menschen, die man wegen eines Handicaps so lange umsorgt hat, in die Freiheit – zumindest teilweise – zu entlassen.

Was das alles mit Sexualität zu tun hat? Sehr viel! Denn nur ein selbstbewusster und eigenständiger Mensch ist in der Lage, eine befriedigende Sexualität und eine erfüllte Partnerschaft zu erfahren.

Thema Verhütung

Ganz normal ist, dass Jugendliche sexuelle Erfahrungen machen möchten – eine Behinderung hält sie davon im Prinzip nicht ab. Kommt es tatsächlich zu intimen Kontakten, dann wird natürlich das Thema Verhütung wichtig. Auch an diesem Punkt sind bei jungen Leuten mit Behinderung wieder die Eltern gefragt. Sie müssen mitdenken, gegebenenfalls einen Arzttermin organisieren und versuchen, das richtige Maß an Vorsicht walten zu lassen, aber auch keine übertriebenen Ängste zu schüren. Nun glauben die meisten Mütter das eigene Kind gut zu kennen und den Moment in dem „es" passiert, sicher vorherzusagen. Trotzdem kann niemand verhindern, dass es auch mal unbemerkt zu Geschlechtsverkehr kommt. Das ist – zugegeben – für die meisten Eltern und ganz besonders für die von behinderten Jugendlichen keine beruhigende Vorstellung.

Was aber soll man da tun? Den Mädchen einfach eine Pille geben?, eine Dreimonatsspritze?, eine Spirale einsetzen lassen?, oder sie gar sterilisieren?

Einfach und für alle gültig lässt sich die Frage nicht beantworten. Zunächst einmal wäre sicherlich wichtig, genau hinzuschauen.

- Hat der Sohn oder die Tochter einen Freund oder eine Freundin?
- Kommt es in der Schule, in der Freizeit zu Begegnungen, die unkontrolliert sind?
- Können sich Sohn oder Tochter äußern?
- Tut er/sie das auch, wenn etwas Wichtiges passiert?
- Hat mein Sohn oder meine Tochter überhaupt Interesse am anderen Geschlecht?

Diese und ähnliche Fragen müssen sich alle Eltern selbst beantworten. Denn wirklich jeder Mensch ist anders, hat andere Beziehungen und andere Dinge, die ihm wichtig sind. Wer absolut sicher sein möchte, dass „nichts passiert“, kann mit einem Gynäkologen oder auch dem Hausarzt besprechen, welche Verhütungsmethode die beste und sicherste ist.

Bewährte Verhütungsmittel für Frauen sind:

- *die Pille. Das ist eine Hormontablette, die regelmäßig eingenommen werden muss und die den Eisprung verhindert.*
- *die Kupferspirale. Dabei handelt es ich um einen kleinen, kupferhaltigen Gegenstand, der in die Gebärmutter eingelegt wird und drei Jahre lang durch die Abgabe von kleinen Kupfermengen die Beweglichkeit der Samenzellen hemmt und auch das Einnisten einer befruchteten Eizelle verhindert.*
- *die Hormonspirale. Sie gibt bis zu fünf Jahre lang Hormone ab und verhindert so eine Schwangerschaft.*

- *das Hormonimplantat. Es wird unter die Haut an der Innenseite des Oberarms eingepflanzt, gibt Hormone ab und verhindert etwa drei Jahre lang den Eisprung.*
- *die Dreimonatsspritze. Die darin enthaltenen Hormone hemmen den Eisprung und das drei Monate lang.*
- *die Sterilisation. Dieser medizinische Eingriff ist nicht so einfach möglich, denn die Voraussetzungen dafür sind gesetzlich genau geregelt und auch bei einwilligungsunfähigen Personen dürfen weder die Eltern noch die Betreuer für den betreffenden Menschen ohne Weiteres eine Sterilisation veranlassen. Das heißt: Sobald der oder die Behinderte eine Art von Ablehnung oder Gegenwehr zeigt, darf er oder sie nicht sterilisiert werden.*

Eltern von jungen Männern tun sich mit der Verhütung oft etwas leichter, denn viele fühlen sich nicht so in die Verantwortung genommen. Obwohl es eigentlich wichtig wäre, über Verhütung zu sprechen, um auch dem jungen Mann seine Mitverantwortung auf diesem Gebiet klar zu machen. Je nach Fähigkeit und Geschicklichkeit sollte man mit ihm den Umgang mit Kondomen üben und so nicht nur ein Mindestmaß an Verhütung, sondern vielleicht auch ein gewisses Gefühl für die Vorgänge beim Geschlechtsverkehr vermitteln. Außerdem ist das Kondom nach wie vor das wichtigste Instrument, um einer AIDS-Infektion vorzubeugen und das sollte man auf keinen Fall außer Acht lassen!

Nicht immer muss man alles selber machen: Vielerorts z. B. werden Mitarbeiter von pro familia in Schulklassen oder Freizeitgruppen eingeladen. Die reisen dann mit einem ganzen Koffer voller Materialien an, machen die jungen Menschen mit Körperfunktionen und Verhütungsmitteln bekannt (üben z. B. auch das Überstreifen von Kondomen) und sind geübt darin, mit dem Thema Sexualität umzugehen.

Was das Thema Verhütung angeht, da könnte man auch bei jungen Männern Sterilisation als gründlichste Lösung anführen. Dabei gelten natürlich die gleichen strengen Vorschriften wie bereits oben ausgeführt.

Schwerer behinderte Jugendliche haben es nicht leicht, ohne Hilfe überhaupt an sexuelle Kontakte zu kommen. Eine gewisse Hilflosigkeit, wie man mit den möglichen Wünschen umgeht, bzw. wie man sie überhaupt herausfindet oder befriedigt, spiegelt sich in der immer wieder aufflammenden Diskussion um so genannte Assistenz. Fragen wie: Kann oder muss man einem Menschen, der es alleine nicht kann, sexuelle Befriedigung verschaffen? Sollen Mitarbeiter jungen Menschen „zur Hand gehen", wenn diese wegen körperlicher Einschränkungen den Geschlechtsverkehr nicht allein durchführen können? werden heiß diskutiert, besonders in den Kreisen der Mitarbeiter. Vor allem Eltern fühlen sich befremdet von der Idee, dass ihr Sohn oder auch die Tochter Besuch von einer so genannten „Sexualbegleiterin" bekommen könnte. Muss das denn sein? Ist das denn wirklich so wichtig?

Man kann, das ist sicher, da sehr unterschiedlicher Meinung sein. Das Gute an all den Diskussionen ist vor allem eines: Man hat angefangen, Menschen mit Behinderung auch als sexuelle Wesen wahrzunehmen.

Sexueller Missbrauch

Ein besonders bedrückendes Problem ist der sexuelle Missbrauch bei Menschen mit einer Behinderung. Was lange ein Tabuthema war, wird heute wenigstens nicht mehr totgeschwiegen. Tatsache ist: Immer wieder kommt es zu sexuellen Übergriffen in der Familie, in Einrichtungen oder bei Freizeiten. Was kann man da tun?

Die einzige Chance, sich dagegen zu wehren, ist die Jugendlichen stark zu machen. Das heißt vor allem: Sie darin bestärken, rechtzeitig, klar und deutlich „Nein" zu sagen. Hilfreich können dabei Kurse oder Schulungen zur „Selbstverteidigung" oder auch „Selbstbestimmung" sein.

Protokoll einer 1. Trainingsstunde für junge Mädchen:

1. *Begrüßung – Kennenlernen. Jeder stellt sich kurz vor. Die Trainer stellen sich vor.*
2. *Spiel: Stühle rutschen zum Aufwärmen der Teilnehmerrunde.*
3. *Erklärung: Wer ist ein Fremder und wann hört er auf, fremd zu sein? Die Eltern sind die Entscheider – ein Fremder bleibt so lange fremd, bis ihn die Eltern kennen und ihm Vertrauen schenken!*
4. *Unterschiede: Familie, Verwandte, Bekannte, Freunde, Fremde (Erklärung über die Darstellung in Form eines Kreises).*
5. *Frage: Kann ich fremde Menschen um Hilfe bitten?*

Antwort: Es ist jederzeit möglich, fremde Menschen um Hilfe zu bitten.

Unterschied: Fremden Erwachsenen, die auf Kinder oder Jugendliche zugehen, sollte man immer mit etwas Vorsicht gegenüber stehen. Aber ein Kind bzw. ein Jugendlicher hat jederzeit die Möglichkeit, auf fremde Erwachsene zuzugehen und sie um Hilfe zu bitten.

Beispiel: Verloren im Kaufhaus – Hilfemöglichkeit in einem Geschäft beim Angestellten.

6. *Spiel: „Hilf mir mein Freund ...!" Laufspiel, bei dem jeder bei aufkommender Gefahr auf einen anderen zugehen und ihn um Hilfe bitten darf, damit er geschützt ist.*
7. *Erklärung: Welche Nähe lasse ich zu, wer darf mich berühren und was darf ich unternehmen, um dem anderen meine Grenzen aufzuzeigen.*
8. *Rollenspiel: Schnelles Entfernen, klares „NEIN" sagen, Schutzbereich aufbauen und „STOPP" sagen.*

Solche Kurse werden in Schulen oder bei Vereinen angeboten. Dabei übt man bestimmte Situationen und die passende Reaktion darauf ein. Der Haken daran: Bei den Übergriffen handelt es sich sehr oft um vertraute Personen, die Jugendlichen vermuten also zunächst nichts Unrechtes, außerdem sind sie in einem Konflikt, weil sie die betreffende Person ja eigentlich mögen. Dazu kommt, dass man derartige Selbstverteidigungs- bzw. Selbstbehauptungskurse öfter wiederholen sollte, weil das dort Gelernte auch schnell wieder vergessen ist.

Leider schützt also die beste Vorbereitung nicht immer und natürlich ist es völlig unmöglich, dass Eltern alle Gefahren vorausschauend bereits abwenden können. Deshalb sollten – vor allem bei nicht sprechenden Menschen – andere Signale aufmerksam machen. Schlafstörungen, Appetitlosigkeit, plötzliche Ängste z. B. vor dem Alleinsein oder vor Unternehmungen können Hinweise liefern und sollten auf jeden Fall ernst genommen werden, wenn sie über einen längeren Zeitraum zu beobachten sind oder sich ständig verstärken.

Peinliche Situationen meistern

Aufklären – das wurde bereits öfter erwähnt, ist wichtig und richtig, weil nur dann ein normaler Umgang mit der eigenen Sexualität oder auch mit einem Partner möglich ist. Was Eltern vor allem von geistig behinderten Jugendlichen immer wieder fürchten, ist der allzu ungenierte Umgang mit sexuellen Gelüsten in der Öffentlichkeit. Denn was man kleinen Kindern durchaus gestattet, ist bei Erwachsenen schlicht unangebracht. So lacht der ganze Bus, wenn ein Kind sagt „Schau mal, die Frau hat aber einen schönen Busen". Starrt aber ein junger Mann mit Behinderung unentwegt auf die Brust einer Mitfahrerin und sagt eventuell noch laut etwas darüber, dann erntet man im besten Fall böse Blicke. Was also tun? Im Zusammenhang mit Aufklärung ist es sicherlich sinnvoll, immer wieder die Verhaltensweisen in der Öffentlichkeit anzusprechen, also klar und deutlich zu sagen, dass – um bei dem Beispiel zu bleiben – eine Frau sicher nicht gerne mag, wenn man auf ihren Busen starrt oder sie vielleicht sogar darauf anspricht.

> **Werner F.:** *„Ich dachte, ich müsste im Boden versinken als ich meinen Sohn am gegenüberliegenden Bahnsteig sah. Gedankenverloren stand er da, die Hand in der Hose und man konnte deutlich erkennen wie er sich streichelte. Glücklicherweise dauerte es eine Weile, bis ich zu ihm hinüber konnte. Da war der erste Schock schon überwunden. Aber zu Hause habe ich dann sofort versucht, ihm klar zu machen, dass er das bitteschön in seinem Zimmer tun sollte und sonst nirgends. Hoffentlich hat er´s kapiert!"*

Gerade bei Menschen mit geistiger Behinderung kann es vorkommen, dass sie sich in der Öffentlichkeit anfassen und überhaupt einen sehr ungenierten Umgang mit sich selbst haben. Kommt es also trotz aller Erklärungen und Bitten der Eltern doch einmal vor, dass sich z. B. der Sohn in die Hose fasst oder die Tochter allzu ungeniert ihren Rock hochzieht, dann ist das peinlich und unangenehm. Trotzdem: Vermeiden Sie in so einem Moment als strafender Aufpasser aufzutreten. Das bringt Ihren Sohn oder die Tochter völlig ins Schleudern und Sie selbst auch nicht in eine bessere Situation. Falls sich jemand beleidigt fühlt, könnte man z. B. versuchen zu sagen „Wissen Sie, er/sie muss in dieser Hinsicht noch viel lernen, Sie helfen ihm und mir sehr, wenn Sie ihm selbst sagen, dass Sie das stört". Keine Frage, es gehört schon eine große Portion Mut und Selbstbewusstsein dazu, solche Situationen richtig zu meistern! Umso wichtiger ist es mit dem Sohn oder der Tochter angemessen darüber zu sprechen und ihnen am besten schon bevor etwas passiert klar zu machen, dass Selbstbefriedigung nichts grundsätzlich Schlechtes ist, allerdings besser in den eigenen vier Wänden stattfindet.

Liebe und Partnerschaft

Sicher ist es richtig, wenn man beim Erreichen von Zielen einen Idealzustand anstrebt. Ebenso richtig ist allerdings, dass die Realität meistens anders aussieht. Auch viele nicht behinderte Menschen leben ohne erfüllte Sexualität, ohne gelungene Partnerschaft. Das ist normal, nur bei Menschen mit Einschränkungen vielleicht etwas häufiger anzutreffen.

Die meisten Eltern freuen sich, wenn ihr Sohn oder ihre Tochter einen Freund, eine Freundin findet. Freuen sie sich auch noch, wenn zu dieser Partnerschaft sexuelle Wünsche und Aktivitäten gehören? Das ist nicht für alle leicht zu akzeptieren, vor allem, wenn man darüber keine Kontrolle hat. Oder wenn man das Gefühl hat, dass da etwas schief läuft.

> ***Christina und Michele P.-H.:** „Wir hatten von Anfang an das Gefühl, dass Giovanni und Hanna nicht zusammenpassen. Ich hätte mir für meinen Sohn eine spritzige Freundin gewünscht, nicht so eine ältere, mütterliche, matronenhafte, die auf seine Scherze mit Ernst reagiert. Aber zu meiner Überraschung mussten wir feststellen, dass sich die beiden gut ergänzen. Was ihm an Überblick und Vernunft fehlt, kann sie gut ausgleichen. Und sie liebt es, wenn er sie zum Lachen bringt."*

Soll man eingreifen? Notfalls sogar mit aller Autorität? Auch die Mitarbeiter in Wohneinrichtungen und am Arbeitsplatz sehen sich ständig mit dieser Frage konfrontiert. Unglück, Verlustängste, Trennungen – das alles muss aufgefangen werden. Was tun, wenn jemand nur noch heulend im Zimmer sitzt und die Mitbewohner verstört herumlaufen und ratlos sind? Was tun, wenn jemand nicht mehr zur Arbeit gehen will, weil sich am gemeinsamen Arbeitsplatz der Konflikt immer neu entzündet? Und was, wenn man schon vorhergesehen hat, dass die beiden Menschen nicht zusammenpassen?

Eine mögliche, aber sicher nicht wünschenswerte Konsequenz ist die Vermeidung von Situationen, die in solche Konflikte führen können.

> ***Gunther N.:** „Ich bin froh, dass Bärbel bei niemand hängen geblieben ist. Es gab da schon hin und wieder mal Interesse, aber bei den meisten jungen Männern habe ich gleich gesehen, dass daraus nichts werden kann. Ich hab mit ihr geredet, und sie hat auch eingesehen, dass das nichts für sie ist. So haben wir alle unseren Frieden."*

Diese Haltung ist verständlich, denn jeder möchte sein Kind vor Schaden und Enttäuschung schützen. Aber nehmen wir einem Menschen mit Behinderung damit nicht auch die Chance, einen eigenen Spielraum zu haben, an Schwierigkeiten zu wachsen und zu reifen? Auch Kinder ohne Behinderung kann man nicht behüten, sie sammeln Erfahrungen, die sie verletzen, aber, wenn es gut geht, auch stärken.

Wichtig ist nicht die Vermeidung aller Situationen, die schmerzhaft werden könnten, sondern eine gute Begleitung in diesen Situationen. Und da sind natürlich auch, neben den Mitarbeitern, die Angehörigen gefragt.

- Stärken Sie Ihren Sohn oder Ihre Tochter, damit sie sich nicht so leicht in Abhängigkeit begibt.
- Trösten und beraten Sie, aber sparen Sie sich Vorwürfe, auch gegenüber dem Partner. Sie bringen Ihr Kind in Verwirrung, wenn es sich entscheiden muss zwischen den Eltern und dem Freund.
- Ziehen Sie alle (Angehörige und Professionelle) an einem Strang. Nichts ist schwieriger, als wenn ein junger Mensch von verschiedenen Autoritäten unterschiedliche Ratschläge bekommt. Das heißt nicht, dass immer alle einer Meinung sein müssen. Mitarbeiter der Werkstatt sehen vielleicht andere Aspekte als die Familie. Aber einigen Sie sich auf ein gemeinsames Vorgehen, sonst entstehen Ängste und Schuldgefühle.
- Eine Trennung kann grundsätzlich nicht von Außenstehenden vollzogen werden. Das wäre ein unzulässiger Eingriff in die Würde eines Menschen. Sollte sich jedoch eine Situation ergeben, die die Partnerschaft untragbar macht (z. B. Misshandlungen, Unterdrückung und Missachtung), müssen alle Beteiligten sich zusammensetzen und miteinander darüber sprechen, welchen Weg man einschlägt und welche Konsequenzen das hat.

> ***Melanie P.:*** *„Fast jeden zweiten Tag ruft mich meine Tochter weinend an. Sie lebt mit ihrem Freund zusammen. Der hat ein merkwürdiges Verständnis für die Rollen von Mann und Frau. Sie soll ihn umsorgen, die ‚Frauenarbeit' machen und möglichst keine Widerworte geben. Sie fühlt sich unterdrückt und überfordert, vor allem, wenn er dann auch noch schlechte Laune hat. Aber von einer Trennung will sie nichts wissen. ‚Ich liebe ihn doch', ist dann immer ihr Argument. Sie hat natürlich Angst, ihn zu verlieren. Und manchmal sind sie ja auch*

richtig glücklich zusammen. Ich kann das nur schwer aushalten. Auch meine anderen Kinder haben schmerzliche Dinge in ihren Beziehungen erlebt, aber da war ich nicht so hautnah beteiligt."

Auch im Leben von Menschen mit Beeinträchtigungen spiegelt sich, welche Normen die Gesellschaft hat. Und sie sind oft stur und wenig flexibel. Einen Freund oder eine Freundin zu haben ist schön, weil man nicht so einsam ist. Aber es ist fast schon zum Statussymbol geworden. Man wird von den anderen beneidet oder bemitleidet. Auch wenn sich unsere gesellschaftliche Realität sehr verändert hat, werden Rollenvorbilder, die von Singles berichten, in der Erziehung nur selten verwendet. Immer noch steht das Idealbild einer heilen Familie im Mittelpunkt. Und gerade durch eine Behinderung ist ein Mensch viel stärker auf „Familie" fixiert, die während seiner Kindheit Dreh- und Angelpunkt seines Lebens war. Die Vorstellung, diesem Bild nachzueifern ist eine nicht zu unterschätzende Antriebskraft.

Bei Jugendlichen mit Behinderung äußert sich das Bedürfnis nach Nähe und Zuneigung manchmal recht unorthodox. So kann es vorkommen, dass zwei Jungen den Körperkontakt miteinander suchen oder Mädchen einander streicheln. Mit dieser Situation muss man behutsam umgehen und herauszufinden versuchen, was dahinter steckt.

Petra O.: *„Als mein Sohn noch in der Schule war, trennte man ihn von seinem Freund, schickte beide in verschiedene Klassen. Sie hatten sich immer wieder im Arm gehalten, sich auf den Schoß genommen und hingen überhaupt viel zusammen. Die Pädagogen hatten Angst, sie könnten auf Abwege geraten. Mein Sohn fragte mich damals zum ersten Mal, was ‚schmul' eigentlich bedeutet. Ich hab die Reaktion der Schule einfach hingenommen, heute würde ich das nicht mehr tun. Die beiden fühlten sich richtig einsam ohne einander und homosexuell sind sie nicht geworden."*

Es hat sicher keinen Sinn, hinter jedem Verhalten gleich etwas Bedeutendes zu vermuten, das hieße die Pferde scheu machen. Aber warum sollten bei Menschen mit Behinderung nicht die gleichen Neigungen vorhanden sein wie bei anderen auch? Es gibt unterschiedlichste Formen der Liebe, auch die Liebe zum gleichen Geschlecht. Für Eltern mag das unvorstellbar sein, es gehört viel Toleranz und Offenheit dazu, es zu akzeptieren.

> ***Gisela M.:*** *„Ich hab mal einen Fernsehbericht gesehen über Homosexualität bei Behinderten. Da saßen in einer Szene Eltern mit ihrem Sohn auf dem Sofa und sprachen ganz frei darüber, dass er Männer liebt. Sie ermöglichten ihm das Ausleben dieser Neigung und standen einfach voll hinter ihm. Ich fand das wahnsinnig mutig. Erstmal ihr Verhalten und dann auch noch, dass sie in aller Öffentlichkeit darüber sprechen konnten. Ich weiß nicht, ob ich dazu in der Lage wäre."*

Kinderwunsch

Zu einer Partnerschaft gehört für sehr viele Menschen normalerweise irgendwann ein Kind. Das ist bei Menschen mit einer Behinderung nicht anders.

> ***Sabine M.:*** *„Ich hätte so gerne ein Baby, aber Mama sagt, das geht nicht, weil ich doch selber behindert bin. Aber ich weiß, dass ich mich gut kümmern würde."*

Für Eltern ist der Kinderwunsch der Tochter oder des Sohnes mit Behinderung ganz häufig schwer zu ertragen. Zum einen wird da noch einmal ganz klar, dass dieses „Kind" eben nicht so ist wie andere. Denn wer würde nicht gerne Großmutter oder Großvater? Im Zusammenhang mit einer körperlichen oder geistigen Einschränkung aber macht man sich riesige Sorgen. Könnte die Tochter körperlich eine Schwangerschaft oder Geburt überhaupt durchstehen? Ist die Partnerschaft dauerhaft und tragfähig? Oder muss die junge Frau die Verantwortung ganz allein übernehmen? Wie kann sich das Paar um ein Kind kümmern? Müssen wir Großeltern einspringen, wenn es nicht klappt? Diese und ähnliche Fragen sind äußerst beunruhigend und können meist auch nicht rundum positiv beantwortet werden.

> ***Thomas R., Meister in einer Werkstatt für behinderte Mitarbeiter:*** *„Bei uns in der Werkstatt arbeitet eine Frau, die sprach- und auch lernbehindert ist. Letztes Jahr bekam sie ein Kind. Nur sehr ungern hat sie uns die Schwangerschaft gestanden. Wir wussten ja schon lange, dass sie mit Simon aus der anderen Gruppe zusammen ist. Weil sie noch zu Hause lebt, haben wir uns zunächst nichts dabei gedacht, dass sie immer dicker wurde. Dann kam alles raus und die Eltern*

waren sehr verzweifelt. Zusammen mit unserer Psychologin konnten wir in vielen Gesprächen herausfinden, dass es schon lange der Wunsch des Paares gewesen war, ein Kind zu bekommen. Die beiden durften dann in eine betreute Wohngemeinschaft umziehen, in der noch ein anderes Paar mit Kind wohnt. Inzwischen ist die kleine Marie ein Jahr alt. Sie entwickelt sich normal und ist tagsüber in einem Hort. Abends kommt sie dann zu ihren Eltern, die natürlich bei der Versorgung betreut werden. Ich glaube, die kleine Marie hat es gut bei ihren Eltern."

Kein Wunder also, wenn sich Eltern von behinderten jungen Leuten eben nicht wünschen, Großeltern zu werden. Dennoch sollte man den Wunsch nach einem Kind natürlich ernst nehmen. Er ist normal und gehört zum Erwachsenwerden dazu. Ohne den Wunsch zu verteufeln, ist es dennoch äußerst wichtig, die jungen Leute ehrlich aufzuklären, was es bedeutet ein Kind in die Welt zu setzen. Klar und deutlich muss gesagt werden, dass ein Kind eine Person ist, um die man sich ein Leben lang kümmern muss. In diesem Zusammenhang ist es unumgänglich, klar zu machen, dass die Behinderung Grenzen setzt. Ein Kind braucht nicht nur Liebe, es braucht auch Förderung und die muss ein Mensch mit Behinderung seinem Baby gönnen und geben können. Falls die Gefahr besteht, dass auch das Kind behindert ist, muss das ohne Umschweife angesprochen werden. Außerdem fordert ein Baby jede Menge Einsatz. Schreien in der Nacht, später Wutanfälle und die Reaktionen darauf und anderes mehr.

Junge Frauen mit Kinderwunsch übersehen gerne die Schwierigkeiten und denken am liebsten nur daran, dass ein Baby süß ist und sich zum Schmusen eignet. Ohne grundsätzlich am Kinderwunsch zu zweifeln, muss man dennoch klarstellen, dass ein Kind zu haben mehr ist als das.

Sprechen gewichtige Gründe gegen eine Schwangerschaft und das Großziehen eines Kindes, dann kann man die betreffende junge Frau vielleicht damit trösten, dass Tante werden auch etwas sehr Schönes sein kann. Sehr anschaulich und oft am besten zu verstehen ist, wenn es Gelegenheiten gibt bei Verwandten oder im Freundeskreis, Babys zu sehen und zu erleben. Beim Füttern, Wickeln, Spazierengehen kann man so erfahren, was es bedeutet Mutter zu sein.

Nicht wegzudiskutieren ist die Tatsache, dass Menschen mit einer Behinderung sehr viele Hürden überwinden und außerdem eine Menge Mut und Durchhaltevermögen aufbringen müssen, um Elternschaft auf befriedigende Weise leben zu können.

> ***Julia F. und Robert H., beide gehörlos:*** *„Wir wollen Kinder, das ist klar und wir sind uns ganz sicher, dass wir das auch schaffen würden – mit Unterstützung natürlich! Allerdings ist Julia bisher nicht schwanger geworden. Doch wir geben die Hoffnung nicht auf!"*

Schwanger werden können im Prinzip alle Frauen mit Behinderung, falls Gebärmutter und Eierstöcke in Ordnung sind. Deshalb gibt es unter den seh-, hör-, lern- und geistig behinderten Frauen immer wieder einige, die allen Schwierigkeiten zum Trotz Kinder bekommen, manchmal allerdings auch ungewollt. Die vielen Probleme mit der Versorgung des Babys oder dem Alltag mit Kind lassen sich zwar nicht immer, aber immerhin doch weitgehend in den Griff kriegen. Voraussetzung ist die Hilfe von Profis und natürlich die Unterstützung einer einfühlsamen, geduldigen Familie.

> ***Rita Z.:*** *„Als die Schwangerschaft meiner Tochter festgestellt wurde, habe ich sofort an Abtreibung gedacht. Schließlich ist sie fast blind und lernbehindert. Aber sie hat mir dann sehr klar und deutlich gesagt, dass sie das Kind behalten möchte. Wer der Vater ist, das haben wir bisher nicht herausbekommen. Inzwischen ist der kleine Jakob drei Jahre alt. Ehrlich gesagt, kümmere ich mich sehr viel um ihn. Marina, meine Tochter war eben noch sehr jung, als sie ihn bekam (gerade mal 17 Jahre alt), so dass sie die Folgen dieser Schwangerschaft nicht so richtig einschätzen konnte. Wir haben uns jetzt geeinigt, dass sie zwar die ‚Mama' ist, aber ich bin die ‚Mama-Rita'. Momentan akzeptiert der Kleine das. Wie es später mal wird, darüber will ich mir jetzt lieber noch keine Gedanken machen."*

Während man früher Elternschaft von Menschen mit einer Behinderung für unmöglich hielt und die Kinder den Müttern häufig gleich nach der Geburt wegnahm, ist man heute offener. Schließlich schützt das Gesetz jede Familie, ganz egal welche. Grundlage dafür ist der Artikel 6 des Grundgesetzes und der gilt auch dann, wenn die Eltern eine Behinderung haben.

In den letzten Jahren haben Träger und Organisationen auf den Bedarf reagiert und Hilfen für behinderte Eltern geschaffen. So können Familien, die nicht in der Lage sind, ganz allein zu leben, in speziellen betreuten Wohnungen unterkommen. Helfer wurden ausgebildet, die Eltern mit Behinderung oder alleinerziehende Mütter ambulant unterstützen und darauf achten, dass die Kinder gut versorgt und gefördert werden. Allerdings sind solche Einrichtungen noch ziemlich selten.

Alles was im Zusammenhang mit Sexualität und Partnerschaft von Menschen mit Behinderungen interessant ist, kann man auch in dem Buch von Ilse Achilles: „Was macht ihr Sohn denn da?“ noch einmal ausführlicher nachlesen.

Anhang

Adressen und Ansprechpartner

Für Eltern auf der Suche nach Informationen ist es inzwischen selbstverständlich geworden, im Internet zu recherchieren. Gibt man ein Stichwort ein, lassen sich meist ganz einfach die wesentlichen Informationen herausfinden, z. B. zu einer bestimmten Behinderung. Selbsthilfegruppen haben ihre Website und in Mailinglisten werden Tipps und Adressen ausgetauscht. Wir haben uns bei unserer Adressenliste deshalb darauf beschränkt, nur die ganz großen Vereinigungen und Arbeitsgemeinschaften aufzuführen. Wer Kontakte in seiner näheren Umgebung sucht, kann sich dann über diese Zentralen weitervermitteln lassen oder im örtlichen Telefonbuch und im Internet die nahe gelegenen Ansprechpartner finden.

Deutschland

Agentur für Arbeit
Regensburger Str. 104
90478 Nürnberg
Tel.: 0911 – 179 – 0
Fax: 0911 – 179 – 21 23
Zentrale@arbeitsagentur.de
www.arbeitsagentur.de

Aktion Mensch
Heinemannstr. 36
53175 Bonn
Tel.: 0228 – 20 92 – 200
Fax: 0228 – 20 92 – 77 77
www.aktion-mensch.de

Arbeiterwohlfahrt Bundesverband e.V.
Postfach 410163
53023 Bonn
Tel.: 0228 – 6 68 50
Fax: 0228 – 668 52 09
info@awo.org
www.awo.org

Bundesarbeitsgemeinschaft Gemeinsam leben – Gemeinsam lernen e.V.
Falkstr. 106
60487 Frankfurt
Tel.: 069 – 77 01 57 58
bik@gemeinsamleben-gemeinsamlernen.de
www.gemeinsamleben-gemeinsamlernen.de

Bundesarbeitsgemeinschaft Hilfe für Behinderte e. V.
Kirchfeldstr. 149
40215 Düsseldorf
Tel.: 0211 – 31 00 60
Fax: 0211 – 31 00 648
info@bagh.de
www.bagh.de

Bundesarbeitsgemeinschaft der Integrationsämter und Hauptfürsorgestellen(BIH)
Erzbergerstraße 119
76133 Karlsruhe
Tel.: 07 21 – 81 07 – 901
und – 902
Fax: 07 21 – 81 07 – 903
bih@integrationsaemter.de
www.integrationsaemter.de

Bundesarbeitsgemeinschaft Integrationsfirmen e. V.
Hedemannstr. 14
10969 Berlin
Tel.: 030 – 251 20 82
Fax: 030 – 251 93 82
sekretariat@bag-integrationsfirmen.de
www.bag-integrationsfirmen.de

Bundesarbeitsgemeinschaft der Berufsbildungswerke (BAG BBW)
Kurfürstenstraße 131
10785 Berlin
Tel.: 030 – 23 00 34 33
Fax: 030 – 23 00 38 99
info@bagbbw.de
www.bagbbw.de

Bundesarbeitsgemeinschaft Werkstätten für behinderte Menschen e. V.
Sonnemannstr. 5
60314 Frankfurt am Main
Tel.: 069 – 94 33 94 – 0
Fax: 069 – 94 33 94 – 25
info@bagwfbm.de
www.bagwfbm.de

Bundesarbeitsgemeinschaft für Unterstützte Beschäftigung e. V. (BAG UB)
Schulterblatt 36
20357 Hamburg
Tel.: 040 – 432 53 12 – 3
Fax: 040 – 432 53 12 – 5
info@bag-ub.de
www.bag-ub.de

Bundesministerium für Gesundheit
Friedrichstr. 108
10117 Berlin
Tel.: 030 – 20 640 – 0
info@bmg.bund.de
www.bmg.bund.de

Bundesministerium für Arbeit und Soziales
Wilhelmstr. 49
10117 Berlin
Tel.: 030 – 18 527 – 0
Fax: 030 – 18 527 – 18 30
info@bmas.bund.de
www.bmas.bund.de

Bundesministerium für Justiz
Mohrenstraße 37
10117 Berlin
Tel.: 030 – 18 580 – 0
Fax: 030 – 18 580 – 95 25
www.bmj.bund.de

Bundesverband für Körper- und Mehrfachbehinderte e. V.
Brehmstr. 5–7
40239 Düsseldorf
Tel.: 0211 – 64 00 40
Fax: 0211 – 64 00 420
info@bvkm.de
www.bvkm.de

Bundesvereinigung Lebenshilfe für Menschen mit Behinderung e. V. (Bundeszentrale)
Raiffeisenstr. 18
35043 Marburg
Tel.: 06421 – 41 90
Fax: 06421 – 41 91 67
bundesvereinigung@lebenshilfe.de
www.lebenshilfe.de

Netzwerk People First Deutschland e. V.
Kölnische Straße 99
34119 Kassel
Tel.: 0561 – 7 28 85 – 55 oder – 56
Fax: 0561 – 7 28 85 – 58
info@people1.de
www.people1.de

Der Paritätische Wohlfahrtsverband
Oranienburger Str. 13–14
10178 Berlin
Tel.: 030 – 24 63 60
Fax: 030 – 24 63 61 10
info@paritaet.org
www.paritaet.org

pro familia – Deutsche Gesellschaft für Familienplanung, Sexualpädagogik und Sexualberatung e. V
Bundesverband
Stresemannallee 3
60596 Frankfurt/Main
Tel.: 069 – 63 90 02
Fax: 069 – 63 98 52
info@profamilia.de
www.profamilia.de

Sozialverband VdK Deutschland e. V.
Wurzerstr. 4a
53175 Bonn
Tel.: 0228 – 82 09 30
Fax: 0228 – 82 09 343
kontakt@vdk.de
www.vdk.de

Verband für anthroposophische Heilpädagogik, Sozialtherapie und soziale Arbeit e. V.
Schloßstraße 9
61209 Echzell-Bingenheim
Tel.: 6035 – 811 90
Fax: 6035 – 81217
info@verband-anthro.de
www.verband-anthro.de

Österreich und Schweiz

Lebenshilfe Österreich
Bundesvereinigung für Menschen mit
geistiger und mehrfacher
Behinderung
Förstergasse 6
1020 Wien
Österreich
Tel.: +43 (0) 18 12 – 26 42
Fax: +43 (0) 18 12 – 26 42 85
sekretariat@lebenshilfe.at
www.lebenshilfe.at

insieme Schweiz
Gesellschaftsstr. 30
Postfach 6819
3001 Bern
Schweiz
Tel.: +41 (0) 31 – 305 13 13
Fax: +41 (0) 31 – 305 13 14
sekretarit@insieme.ch
www.insieme.ch

Buchempfehlungen

Unsere Buchempfehlungen sind eine persönlich zusammengestellte Auswahl, die keinerlei Anspruch auf Vollständigkeit erhebt. Manche der Bücher oder Broschüren sind eher für Fachleute geeignet, andere für diejenigen, die zu einer bestimmten Frage mehr wissen wollen.

Betreuung

Raak, Wolfgang, Thar, Jürgen (2005): Leitfaden Betreuungsrecht. Für Betreuer, Angehörige, Betroffene, Ärzte und Pflegekräfte. Bundesanzeiger, Köln

Zimmermann, Walter (2007): Betreuungsrecht von A–Z. Rund 450 Stichwörter zum aktuellen Recht. 3. Aufl. dtv, München

Selbstbestimmung und Mitwirkung

Dietrich, Peter (2004): Spielwiese oder echte Mitwirkung, Erläuterungen zur Heimmitwirkungsverordnung in vereinfachter Sprache für Mitglieder des Heimbeirats und andere Interessenten/Unterstützer(innen). Lebenshilfe, Marburg

Dommermuth, Ralph (2005): Dürfen was ich möchte. Selbstbestimmungsrecht geistig Behinderter. Lambertus, Freiburg/Br.

Kniel, Adrian, Winisch, Matthias (2005): People First, Ernst Reinhardt, München/Basel

Schlummer, Werner, Schütte, Ute (2006): Mitwirkung von Menschen mit geistiger Behinderung. Schule, Arbeit, Wohnen. Ernst Reinhardt, München/Basel

Ausbildung

Ginnold, Antje (2000): Schulende – Ende der Integration? Integrative Wege von der Schule in das Arbeitsleben. Beltz, Weinheim

Herdmann, Ines (2004): Berufsstart für junge Leute mit Behinderungen. Der Wegweiser zum passenden Beruf. Bertelsmann, Bielefeld

Küchler, Matthias (2006): Was kommt nach der Schule? Handbuch zur Vorbereitung auf das nachschulische Leben durch die Schule für Menschen mit geistiger Behinderung. Lebenshilfe, Marburg

Arbeit

Bundesvereinigung Lebenshilfe (Hrsg) (2003): Ein Beruf für mich. Berufliche Ausbildung für Menschen mit geistiger Behinderung. Lebenshilfe, Marburg

Doose, Stefan (2006): Unterstützte Beschäftigung: Berufliche Integration auf lange Sicht. Theorie, Methodik und Nachhaltigkeit der Unterstützung von Menschen mit Lernschwierigkeiten durch Integrationsfachdienste und Werkstätten für behinderte Menschen auf dem allgemeinen Arbeitsmarkt. Eine Verbleibs- und Verlaufsstudie. Lebenshilfe, Marburg

Grampp, Gerd, Triebel, Anke (2006): Lernen und Arbeiten in der Werkstatt für behinderte Menschen (Forschung für die Praxis – Hochschulschriften). Psychiatrie, Bonn

Hautop, Wilfried, Niehoff, Lydia (2003): Der Bremer Martinshof. Wir gehen immer gerne zur Arbeit. Hauschild, Bremen

Rose, Sylvia (2006): Arbeit und Leben von Menschen mit einer Behinderung – Die Integration von Menschen mit Lernschwierigkeiten, aus der Werkstatt für behinderte Menschen auf den allgemeinen Arbeitsmarkt am Beispiel der Integrationsfachdienste, E-BOOK. GRIN, München/Ravensburg

Freizeit

Bundesvereinigung Lebenshilfe (Hrsg)(2001): Wir wollen überall dabei sein. Menschen mit geistiger Behinderung in ihrer Freizeit. Lebenshilfe, Marburg

Schuhmann, Yvonne (2003): Freizeit im Leben von Menschen mit geistiger Behinderung, E-BOOK. GRIN, München/Ravensburg

Wohnen

Bundesvereinigung Lebenshilfe (Hrsg) (2006): Muster-Wohnvertrag und -ordnung, Lebenshilfe-Verlag, Marburg
(nur elektronisch auf Diskette oder als kostenpflichtiger download verfügbar)

– (2004): Kurze Zeit woanders – und trotzdem zu Hause. Vom Wochenende mit dem Familienunterstützenden Dienst bis zur Kurzzeiteinrichtung. Lebenshilfe, Marburg

– (2002): Wir können mehr als ihr uns zutraut! Ambulante Unterstützung beim Wohnen für Menschen mit geistiger Behinderung. Lebenshilfe, Marburg

Göbel, Susanne (2005): So möchte ich wohnen! Wie ich selbst bestimmen kann, dass ich mich in meinen vier Wänden wohlfühle. Lebenshilfe, Marburg

Theunissen, Georg, Schirbort, Kerstin (2005): Inklusion geistig behinderter Menschen. Zeitgemäße Wohnformen – Soziale Netze – Unterstützungsangebote. Kohlhammer, Stuttgart

Sexualität und Partnerschaft

Achilles, Ilse (2005): Was macht Ihr Sohn denn da? Geistige Behinderung und Sexualität. Ernst Reinhardt, München/Basel

Leue-Käding, Susan (2004): Sexualität und Partnerschaft bei Jugendlichen mit einer geistigen Behinderung. Probleme und Möglichkeiten einer Enttabuisierung. Universitätsverlag Winter, Heidelberg

Sonstiges

beta Institut für sozialmedizinische Forschung und Entwicklung gemeinnützige GmbH (Hrsg.) (2004): Lexikon für Sozialfragen. MediMedia, Neu-Isenburg

Bundesvereinigung Lebenshilfe (Hrsg) (2007): Finanzielle Hilfen für Menschen mit Behinderung, ihre Angehörigen und Betreuer(innen). Lebenshilfe, Marburg

Sachregister

Agentur für Arbeit 28, 34–38, 39, 41, 46f, 57f, 64, 66
Anthroposophisch, Lebensgemeinschaft 92f
Arbeitgeber 31, 37, 46f, 57, 63, 66–68, 97
Arbeitsagentur (s. Agentur für Arbeit)
Arbeitsbegleitende Maßnahmen 53
Arbeitsbereich 29, 31, 51f, 67, 69
Arbeitsentgelt 51f, 65, 68f
Arbeitserprobung 36
Arbeitsförderungsgeld 65
Arbeitsgerät 35
Arbeitshilfen 47, 57
Arbeitsmarkt, freier 29, 33, 38, 41f, 44, 46–48, 50, 53f, 58, 65, 68, 120
Arbeitsplatz 13, 27f, 33, 35, 44, 48–50, 54, 58–61, 141
Arbeitszeit 51
Assistenz, Arbeits- 37f, 41, 47, 59
– in der Freizeit und den Ferien 71, 74
– beim Wohnen 97, 124–127, 108, 137
Aufwandsentschädigung 18
Ausbildungsberufe 13
Ausbildungsbetrieb 13
Ausbildungsgeld 64, 68f
Ausbildungskosten 64
Ausbildungsplatz 43, 46f
Ausbildungsstätten 38, 40
Ausbildungszuschuss 66
Ausgleichsabgabe 67

Bahnreisen 76
Berufsberatung 33
Berufsbildungsbereich 29, 35, 42f, 51f, 64, 67–69
Berufsbildungswerk 29, 36, 38, 41, 43f, 64, 68
Berufsförderungswerk 41, 44
Berufsinformationszentrum 34
Berufsschule 36, 43, 44–46
Berufsvorbereitende Bildungsmaßnahme 29, 36, 38–40
Berufswegekonferenz 33
Bestellungsurkunde 17
Betreutes Wohnen (s. Wohnen, betreutes)
Betreuung, rechtliche 14–20
Betreuerausweis (s. Bestellungsurkunde)
Betreuungsvereine 18
Bezugsbetreuer 108, 113
Budget, persönliches 103, 124–127
–, trägerübergreifendes 124f
Bundesanstalt für Arbeit 34, 64

Eignungsanalyse 39
Eingangsverfahren 42, 51, 64
Eingliederungshilfe 121–125
Eingliederungszuschüsse 66
Einwilligungsvorbehalt 19
Elternschaft 145f
Entgelt (s. Arbeitsentgelt)

Fachdienst 35–38, 43
Flugreisen 75
Förderbedarf 35

Fördergruppen 8, 54
Förderlehrgang 68
Fördermaßnahmen 54, 56
Förderplan 36, 39, 53f, 103, 116, 118f, 124
Förderschule 12, 44f
Förderstätte 31, 43, 48, 54–56, 65–67, 69, 120, 126
Führerschein 22f

Geschäftsfähigkeit 14, 24
Grundausbildungslehrgang 40
Grundsicherung 65, 88, 119f, 122, 125

Heimbeirat 103
Heimgesetz 102
Heimvertrag 101f
Heiraten 23–25
Hilfsplan (s. Förderplan)
Hilfebedarfsplan 118

Individueller Hilfebedarf 118
Integrationsamt 33, 41, 47
Integrationsberater 37
Integrationsbetrieb 29, 44–46, 48, 56f, 60f
Integrationsfachdienst 33, 36, 38, 47

Job-Coach 37, 47
Jugendamt 40

Kindergeld 65, 120
Kinderwunsch 144f
Krankenkasse 40, 66, 67, 102, 123
Kurzzeitpflege 123
Kurzzeitplatz 99, 123
Kurzzeitunterbringung 123f

Lebensunterhalt 65f, 77, 121f, 125
Lehrstelle 38, 41

MELBA-System 49
Metzler-Verfahren 116
Mitgliedschaft in Vereinen und Selbsthilfegruppen 25, 135
Mitwirkung 52, 102

Nahverkehr 76f

Offene Behinderten Arbeit (OBA) 70–72

Partnerschaft 129, 134f, 141–144
Pflegegeld 88, 120
Praktikum 29–32, 36, 39, 58, 67
Profil 48, 49
–, Anforderungs- 48f
–, Fähigkeits- 48f
Pubertät 12, 128ff

Qualifizierende Maßnahme 35, 37

Regelsatz 64–66
Reha-Team 35, 38, 46, 57f
Reisen 74ff
Rentenversicherung 40, 50, 121

Schiffsreise 77
Schülerfirmen 32
Schulpflicht 12, 45
Schwangerschaft 136, 144–146
Selbstinformationseinrichtungen 34
Sexualität 12, 128ff
Sexueller Missbrauch 138f
Sozialgesetzbuch (SGB) 20, 42, 63f, 69, 102, 123f
Sozialleistungsträger 51f
Sozialversicherung 66f, 126
Sozialwohnung 103, 119
Stationär 123f
– teilstationär 64
– vollstationär 20, 89, 121

Tagesförderstätten (s. Förderstätte)
Taschengeld 19f, 66, 121
Testament 20f
Tip-Lehrgang 40
Trainingswohnen 99

Übergangsgeld 65
Unterhaltsbeitrag 122

Verfahrenspfleger 16, 20
Verhinderungspflege 75, 120, 123
Verhütung 135ff
Volljährigkeit 14–16, 19, 22, 65, 122
Vollmacht 19

Wählen 22f, 53
Warteliste 81, 85, 100f, 135
Weiterbildung 35, 47, 60, 66, 71, 73
Werker-Abschluss 45
Werkstatt für behinderte Menschen (WfbM) 42, 47, 49–54, 60, 64f, 67f, 120f
Werkstättenverordnung 50, 52
Werkstattrat 69, 52f
Werkstufe 29, 32, 45
Wohnen 97, 118, 122, 146
–, ambulantes 89, 97, 101, 122
–, betreutes 96f, 103, 118, 122, 145f
–, unterstütztes 97
Wohnformen 89, 91, 96, 118ff
Wohnplatz 12, 79ff, 96, 100, 117